全国民主主義教育研究会 編

同時代社

18歳からの選挙 Q&A
目　次

はじめに ……………………………………………………………… 5

第1章
18歳選挙権で何が変わるのか

Q1	なぜいま18歳選挙権なのですか？ …………………………… 10
Q2	若者は18歳選挙権を望んでいますか？ ……………………… 14
Q3	なぜ若者の投票率は低いのですか？ ………………………… 18
Q4	大人が若者を政治から遠ざけてきたのでは？ ……………… 22
Q5	18歳で成人になるのですか？ ………………………………… 26
Q6	投票できる人はどのように増えてきたのですか？ ………… 30
Q7	立候補できる年齢も下がるのですか？ ……………………… 34
Q8	18歳選挙のメリット・デメリットを教えてください ……… 38
Q9	各国の事情について教えてください ………………………… 42
Q10	主権者とは？　民主主義とは何ですか？ …………………… 46

第2章
知っておきたい選挙の実際

Q11	投票制度について教えてください …………………………… 52
Q12	一票の格差って何ですか？　選挙制度について教えてください ……… 56
Q13	投票率を上げるために何ができますか？ …………………… 60
Q14	投票先をどう選ぶのですか？ ………………………………… 64
Q15	投票で何が変わるのですか？ ………………………………… 68

Q16	高校生が選挙運動をしてもいいですか？	72
Q17	政治参加の方法について教えてください	76
Q18	国民投票や住民投票はどのようなものですか？	80

第3章
政策を判断するために

Q19	若者の働き方と政治との関係について教えてください		86
Q20	どんな政党がありますか？		92
Q21	対立する政策について教えてください　論点1　消費税		96
Q22	対立する政策について教えてください　論点2　景気対策		100
Q23	対立する政策について教えてください　論点3　原発		106
Q24	対立する政策について教えてください　論点4　沖縄の基地問題		110
Q25	対立する政策について教えてください　論点5　集団的自衛権		116
Q26	対立する政策について教えてください　論点6　憲法改正		120

第4章
学校で学ぶ主権者教育

Q27	主権者教育とは？　シティズンシップ教育とは何ですか？	126
Q28	模擬投票のやり方について教えてください	130
Q29	政策についてどう討論したらいいですか？	134
Q30	他に授業でどんなことをしますか？	138
Q31	授業のなかの政治的中立とは？	142

はじめに

　「10代の声　どう反映」「18歳　未来に1票」「高校生も政治解禁」これらは、2015年6月17日の夕刊から18日の朝刊で新聞記事のミダシに使われた語です。ほとんどが1面や社会面で取り上げており、社会的に大きな出来事だったことがわかります。
　同年6月17日に国会は、日本国民の選挙権年齢を「20歳以上」から「18歳以上」に引き下げるため、公職選挙法の改正法案を全会一致で可決しました。これは、1945年に選挙権年齢が25歳以上から20歳に引き下げて以来、70年ぶりの改正になります。改正された「公職選挙法」は1年間の周知期間をおき、「施行後はじめての国政選挙から適用される」とされていますので、国会が通常通りに開会（例年その年の1月中下旬）された場合、2016年6月から7月の参議院選挙から有権者として投票できる参政権を保有することになります。それ以後、国政選挙はもとより、地方自治体の首長、議員選挙、自治体の住民投票、憲法改正の国民投票権にも参政権が行使できるようになります。来年の参議院選挙だけで有権者が約240万人増加しますから、これが日本の政治に大きな影響を与えることは間違いありません。

　全国民主主義教育研究会（略称：全民研）は、1970年に創立された民間の教育研究団体で「平和で民主的な社会の主権者を育てる政治教育の実践、交流、研究」をすすめており、学校での政治教育や18歳から選挙権を行使して政治に参加することを問いかけ、生徒の時代から「生きた

政治教育」の必要性を訴えてきました。そうでなければ、大人になってから突然に有権者として扱われ、憲法で述べられている「主権は国民」といわれてもその自覚がなかなか育たないと考えているからです。今回、18歳選挙権の導入が「憲法改正の国民投票法」に組み入れられるなかで浮上し、法制化したことは、現行憲法の改正に反対する立場から憲法改正を容認するものではありませんが、18歳選挙権の導入は「子どもの権利の拡大」「社会のなかで主権者の一人」として政治に参加し、自分で考え、批判的視点を育てる面があることから歓迎しています。そして、生徒の自主的な取り組みや社会的な活動、意思表明の権利についても最大限に尊重される必要があると考えています。

　18歳選挙権の導入は、これまでのように自分の意見があっても、それを有権者として意思表明ができなかった時代から、選挙権を行使し、政治家や政党を選択するなかで自分の立場を表明することのできる時代への変化です。が、政党が主導する政治についてはなかなかわからないといわざるをえません。それは、歴史的に形成された社会のなかで、政党は政策を訴え国民の支持を得るために、自らの正当性を一方的に主張し、異なる立場を批判するからです。そして、選挙を通じ多数を得た政党が統治者として政治活動の主導権をもつのです。こうしたなかの門外漢におかれていた若者が選挙のなかで有権者として自らの意思表明ができるようになることは容易なことではありません。2016年からの18歳選挙権の行使については、新たに有権者となる若者に対して、わかりやすく、丁寧に選挙権の行使が意義あることを理解してもらう必要があります。そのために政党や政治家には大きな責任があります。また教育現場では、有権者となる生徒に対して、憲法の原理にもとづく「主権者・政治教育」をすすめていくことが求められています。こうしたなかで、自民党の文部科学部会は、選挙権年齢を18歳に引き下げる改正公職選挙法の成立をうけ、学校教育のあり方の提言を安倍首相に提出しました。提

言では「学校における政治的中立」、「政治参加に関する教育の充実」として新科目「公共」（仮称）の創設や「高校生が一党一派に偏った政治活動に巻き込まれることとは峻別する必要がある」とし高校生の「政治的活動は学校内外で抑制的であるべきだとの指導を高校がおこなえるよう政府が責任をもつ」など選挙権行使について政府の介入が見え隠れしています。これでは、教育現場が萎縮して「政治教育」の取り組みに制限がかかります。教育行政は、今回の18歳選挙権導入にともなう学校での教育について、生徒が自由に交流し、授業のなかでも多用な意見が交流できる環境を整備してほしいものです。

　この本は、そうした若者の参政権行使に少しでも役立つことを願ってつくりました。
　第1章は「18歳選挙権で何が変わるのか」で、18歳選挙権のもつ意味や価値、そして、主権者として知っておくべき政治的知識、批判力や、同意することを述べています。また、18歳選挙権の導入にともない、政治教育のあり方が議論になっていますが、「あれはダメ」「これもダメ」ではなく、自由な立場で政治を語りあい、意見交換、議論（討論）ができることをめざしています。
　第2章は「知っておきたい選挙の実際」で、新たな有権者として、投票のしくみ、投票先の選択基準、選挙運動のあり方、国民投票、住民投票について解説しました。選挙に参加する際のルールと判断基準といってもよいでしょう。
　第3章は「政策を判断するために」です。ここでは、今日の日本が解決を迫られ、候補者（政党）が政策として語っている政治的意見の違いを述べています。今、日本は、現実の課題について解決を迫られるとともに、未来のあり方についても問われています。第3章では、現実の政治課題が語られています。こうしたことは、教室の授業でも教材化されにくいのですが、参政権を行使する主権者としてぜひ理解してほしいこ

とです。

　第4章は、「学校で学ぶ主権者教育」です。主権者教育をすすめるための学習方法を具体的例示で示してみました。そのなかで「政治的中立」について述べています。立憲主義の政治では、憲法は権力者（政治家）の横暴を防ぐために存在します。主権者は国民ですから国民の選択に政治家は従わなければなりません。日本国憲法もこの原理によって成り立っていることを「政治的中立」のなかで考えてみたいと思います。

　本書は、18歳選挙権の導入にともなう「若者の政治参加」（参政権行使）について、18歳以上の高校在学者はもとより、新たに投票に参加する方々を対象に作成していますが、教育現場のなかで、18歳以下の生徒もふくめて未成年者に選挙権を行使する際の必要な知識と実践についてもまとめています。この課題を取り扱うのは社会科関係の授業が中心になりますが、生徒の基本的人権の自覚を育む総合的学習や場合によってはHR活動のなかでも活用できるように編集してみました。

　なお編集委員会（巻末の執筆者一覧参照）では、Q&Aの項目、原稿内容について検討をしましたが、本会（全民研）の一致した見解を示すものではなく、文責は、各節に記した執筆者と編集委員にあります。

〔安達三子男　全国民主主義教育研究会・事務局長〕

〔追記〕増刷につき、以下を加筆します。

　公職選挙法改正による18歳からの選挙権が実施されることにともない、総務省・文部科学省は、『私たちが拓く日本の未来　有権者として求められる力を身に付けるために』（生徒用副読本、教職員用指導資料）を発行し、これを使用して生徒への指導を求めています。また、文科省は、2015（平成27）年10月29日に「高等学校における政治的教養の教育と高等学校の生徒による政治的活動等について（通知）」を発出し、高校生の政治活動や選挙運動のあり方について述べています。

第1章

18歳選挙権で何が変わるのか

Q1 なぜいま18歳選挙権なのですか？

　2015年6月に公職選挙法が改正され、選挙権が満20歳以上から満18歳以上に引き下げられました。新たに240万人の若者が有権者になり、この国の新たな担い手になります。
　戦後の民主化のなかで、1945年12月に20歳以上の男女平等の選挙権が実現してから70年ぶりのことです。

18歳選挙権を主張する動き
　日本の国内で、18歳選挙権を主張する動きは、1990年代にはいってから広がっていきました。1989年の国連総会で採択された子どもの権利条約は満18歳未満を子どもと定義し、子どもにさまざまな権利を保障しました。日本政府は1994年にこれを批准しましたが、それをめぐる議論のなかで、選挙権や成人年齢を18歳以上に引き下げるべきだという主張が展開されました。
　また、1990年代後半には、少子高齢化が進むなかで、これからの社会のあり方を考えるためには若者の政治参加が必要だという議論も登場してきました。18歳選挙権は世界の大きな流れだから、日本でも18歳選挙権の実現を、という主張も広がりました。他方で、18歳選挙権を実現することによって責任感や義務感を育てるべきだという主張もありました。
　2000年5月に結成されたNPO法人Rights（ライツ）は、「選挙権年齢の引き下げ」を主要テーマに若者の政治参加の促進を訴える活動を展開

しました。ライツは、世界の若者の権利状況と課題、子ども・若者政策と学校での政治教育について、研究を深めて提言を発表しました。また国会議員とのシンポジウムも開き、若者の声を国会に届けてきました。

2000年6月の総選挙では、戦前から18歳選挙権を主張していた日本共産党の他に、民主党や公明党、社民党など多くの政党が、選挙権年齢の18歳への引き下げを公約・マニフェストに掲げるようになっていました。

また、2002年に愛知県高浜市で、住民投票の投票権を18歳以上とし、永住外国人にも参加資格を認めた条例が全国で初めて制定されました。その後、市町村合併の是非を問う住民投票で投票権を18歳以上とする市町村が増えていきました。住民投票の投票権を16歳以上にするところもあり、中学生に投票権を与えた自治体（長野県平谷村）もあります。地方自治体では、国に先駆けて若者の声を未来の行政のあり方に反映し生かしたいという動きが進んでいたのです。

国民投票法と18歳選挙権の実現

2015年に18歳選挙権が実現した直接のきっかけは、憲法改正のための国民投票についての手続きを定めた国民投票法の制定にありました。

2005年以降、憲法改正の議論が自民党で高まり、国民投票法の制定について、自民党や公明党などの与党と民主党などの野党（日本共産党や社民党をのぞく）の間で協議がすすめられました。2007年に成立した憲法改正国民投票法は国民投票の年齢を18歳以上とし、附則で2010年5月の施行までに「公職選挙法、民法などについて検討し、必要な法制上の措置を講ずるものとする」としました。

自民党、公明党の当初の案は、国民投票の投票権年齢を20歳以上としていました。これに対して、選挙権を18歳以上に引き下げることを主張してきた民主党は、国民投票も18歳以上としていました。そのため、与党が民主党案に歩み寄るかたちで国民投票を18歳以上とする修正案を出しました。しかし、民主党の案は、国民投票の対象に、憲法改正以外に

憲法に関わる重要問題や統治機構、生命倫理も含めることなどを主張しており、結局、民主党は与党案に反対し、自民・公明の賛成で与党案が可決されたのです。

　この国民投票法は、附則で定められた18歳選挙権などが実現しないまま、2010年５月から施行されました。そこで、国民投票法の改正が行われ、2014年６月20日に公布・施行されました。この改正法では、施行後４年間は国民投票の投票権は満20歳以上であるが、４年後からは満18歳以上の者が投票権を有する、となったのです。そして「国民投票権年齢と選挙権年齢の均衡等を勘案し、公職選挙法、民法などの規定について検討し、必要な法制上の措置を講ずるものとする」としました。衆参両院における付帯決議で、「２年以内を目途に選挙権年齢を18歳に引き下げる法制上の措置を」と求められました。

　このような流れを受けて、2014年11月に選挙権を18歳以上とする公職選挙法改正案が提出されましたが、衆院解散で廃案になり、2015年３月に改めて国会に提出され、６月に成立したものです。

18歳成人の課題は？

　2015年６月17日の参議院本会議において、全会一致で可決、成立した改正公職選挙法（選挙権年齢を18歳に引き下げる）の附則11条には、民法、少年法その他の法令について、検討、改正をおこなうとあります。

　「成人」は、1896（明治29）年に制定された民法に「満二十歳ヲ以テ成人トス」と定められました。当時の世界の国々を見渡してみて、日本が20歳から成人とするのは、先進的な決定であったとも言えます。他方で、権利の裏腹の義務として、徴兵検査（徴兵制、国民皆兵）もいっしょに進められたのです。ちなみに欧米諸国のなかには、とりわけ1960年代後半以降、兵役年齢18歳との関係で、選挙権年齢が引き下げられた国もあった、ということを確認しておく必要があるでしょう。「戦場で戦うのに十分な年齢なのに、投票できないのはおかしい」という議論が多く

あったといえます。

　一方日本では、18歳を以て成人とすることによって、若者に大人としての権利を認めることは、置き去りにされています。それは、社会全体が若者の成熟度に厳しい目を持っており、とりわけ政権与党が、若者の権利付与に消極的であるからです。大人が若者の成長（成熟）を本当に願うのならば、若者が権利を行使して、社会に影響力を持てるように社会参加ができるようにすることが必要です。そのためにも人権の発展としての18歳成人年齢の国民的な議論が、もっと旺盛に起きていくべきであると考えます。

プレゼントされる選挙権とは？

　たとえば滋賀県の選挙管理委員会が、2014年7～9月に実施した、高校3年生11,757名の調査では、「18歳選挙権が欲しい」が16.2％、「20歳のままでよい」が59.9％、「選挙があれば投票に行こうと思いますか」の問いには、59.8％が「権利があれば投票したい」となっています。

　目の前の若者の声を聞いてみると、若者は18歳選挙権に積極的に反対をしているのではないのです。18歳選挙権を行使するのに十分な自信を持てていないようにみえるのです。ただ身近な地域課題に関わる住民投票には、関心を示す若者が多いとの指摘もあります。一方、自分たち18歳の若者が投票するのは権利なのだから、その行使のための仕組みが欲しいのだ、という若者の側からの積極的な要求の声が少ないのです。そうなると選挙権は結果的に「プレゼント」されるのだ、と言わざるを得ないのです。

　18歳選挙権が憲法改正のさきがけとされることなく、若者から、自分たちの権利が市民社会で認められるように、もっと積極的に社会に働きかける声を上げてもらいたいと思います。

〔杉浦真理〕

Q2 若者は18歳選挙権を望んでいますか？

17、18歳68%が「良かった」「どちらかといえば良かった」
①「東京新聞」（2015年6月29日付）

　見出しの数字は、共同通信社が17、18歳を対象としたインターネットでのアンケート結果です。

　同紙によれば、18歳選挙権への認知は88％が「知っている」にのぼります。他方で来年夏の参院選で投票に「行く」「行くつもり」が65％で、「今はよく分からない」が21.4パーセントでした。また政治への関心度では、「大いに」「ある程度」が63.4％、「あまりない」「まったくない」が36.6％でした。

②高校生5768人への調査（「高校生新聞」2013年実施）

　「18歳から選挙で投票できるようにすること」（18歳選挙権）に賛成？反対？

　賛成23％、反対21％、どちらともいえない49％という結果でした。

③大学生（2015年5月現在2年生3年生）は？

　卒業後、中学校や高等学校で社会科や公民科の教職に就くことを希望している大学生17人に聞いてみました。18歳選挙権に賛成が3割強、反対が3割弱、慎重派もしくは判断保留が4割弱でした。

　①②③を単純には比較できませんが、18歳選挙権を'良し'とする人たちが、実際の投票行動へと結びつくためにも、次に判断保留や慎重派の声を聞いてみましょう。

政治のことは分からないので不安？

すでに20歳で投票権を有している人の意見も含めて、大学生の生の声をいくつか紹介してみます。

① 「18歳に選挙権を与えたところで興味や知識が高まるとは思わない。部活や数学や文学など、各々が好きなものに熱中するのではないか。政治のことなど分からないで安易な考えで投票しても何も変わらない」

② 「高校生はまだ自分の生活に影響が出ないから、よくわからないのではないか。政策に関しても、ピンとこないのではないか。だから投票率を上げようというねらいがあるかもしれないが、ただ投票率を上げるだけだったら、人気投票になってしまう」

③ 「学校という世界でしか生きてこなかった18歳の人が、そこを飛び出した社会について理解できるのか不安に思う」

④ 「情報収集の方法とか見分け方とか考え方などのしっかりした学習はできているのだろうか」

しかし先の「高校生新聞」では、「政治家は10代の意見をもっと聞いてほしい」という設問に、「とてもそう思う」23％、「まあそう思う」43％という結果もでています。したがって「何にも分からないのに、安易な気持ちで投票したって人気投票になるだけ」という不安や疑問は、「情報収集の方法や見分け方を知りたい」という声からも分かるように、若者は実は、うわべだけではなく、深く本質的に社会や政治のことを知りたい、という裏返しの意思表示なのかもしれません。

政治についての考えは？

公益財団法人「明るい選挙推進協会」（以下「推進協会」）が実施した「若い有権者の意識調査（第3回）──調査結果の概要」（2009年実施）から、いくつかの項目を選んで、若者の意識を探ってみましょう。18歳選挙権そのものを問う設問はありませんし、すこしアンケート時期が古い

ものの、16～19歳の「若者」が、「選挙と政治」をどのように考えているのかを探るためには有効でしょう。

(1) 政治的関心と「努力すればいつか報われる」
「みんなの力で社会を変えられる」との関係

上記年齢層では、それぞれに「そう思う」「どちらかといえばそう思う」と回答する人（前者項目82.8％、後者項目77.7％）は、そうではない人（「報われない」「変えられない」）に比べて政治的関心度（「非常にある」＋「ある程度ある」）が6割強という高い数字を示しています。

(2) 政治的信頼感

先の『高校生新聞』でも、「政治家への信頼」は、「あまりそう思わない」＋「全然そう思わない」が81％にのぼります（前掲「東京新聞」では80.8％）。「推進協会」の調査結果でも、「政党」「国会」「中央省庁」「マスコミ」への不信度は、「中央省庁」（45.5％）「選挙制度」（34.1％）を除くと、どの項目も6割を越えています。

「選挙制度」に関しては、たとえば授業が、上辺の知識レベルに止まっており、そのあり方や課題について、深く議論しあっていない結果の数字なのかも知れません。

(3) 自分は政府のすることに対して、それを左右する力はない？

この設問は、「政治を動かす力に関するもの」であり、政治に対する人々の「有力感（政治的有効性感覚）」と呼ばれるものです。

「そう＋どちらかといえばそう」が7割近く（男性6割、女性7割弱）です。しかし一方で「選挙では大勢の人が投票するのだから、自分一人くらい投票しなくてもかまわない」については、「そうは思わない」が62.5％と過半数以上なのです。さらに国民全体の投票率低下に対して、16～19歳は「投票率が低下することは問題で、何らかの対策を講ずるべき」が5割弱を示しています。そして「政治満足度」については、「かなり不満」と「やや不満」の合計が7割強という非常に高い数字を示しています。若者は、自分自身の、政治や他者への影響力を否定するので

はなく、確信を持てずに葛藤しているようです。

誰かと政治的なことがらを話題にしたり、議論することが政治的関心を高める

　前掲の「東京新聞」(2015年6月29日)には、「同世代の友人と政治に関する話しをするか」という設問があります。「よく」「時々」する、が33.1％、「あまり」「まったく」しない、が合計で67％と2倍に達します。
　一方岐阜県可児市議会で開催されている、高校生と議員が地域の課題を話し合う「高校生議会」が「議会改革」に大きく貢献している、という報道もあります(「東京新聞」2015年6月28日)。模擬投票や新聞学習など多様な学びを通して、政治状況と自らの利害関係を分析し、自分の判断が政治状況に影響を与えるための多種多様な方法を追求していって欲しいものです。
　社会や自分の将来に対する生真面目さを持ち合わせている若者たちが、不安や疑問を抱えて葛藤しながらも、自分の意見をいろいろな場面で発信し続けて、自分とは意見を異にする他人との出会いの中で対話をしていく、といった日常の学びこそが、政治的関心を高めて、そのことが投票率の上昇につながっていくのだと思います。

〔服部進治〕

 **なぜ若者の投票率は低いのですか？**

20歳代の国政選挙の投票率は？

衆議院選挙について資料1から考えてみます。1970年代・80年代を通してほぼ60％前後であった20歳代の投票率は、1993年・第40回総選挙をさかいにして、50％を割り込み、以後30％台を続けています。ただし、

資料1　衆議院選挙年代別投票率の推移

西暦	1990	1993	1996	2000	2003	2005	2009	2012	2014
回数	39	40	41	42	43	44	45	46	47
20代（％）	57.8	47.5	36.4	38.4	35.6	46.2	49.5	37.9	32.6
30代（％）	76.0	68.5	57.5	56.8	50.7	59.8	63.9	50.1	42.1
40代（％）	81.4	74.5	65.5	68.1	64.7	71.9	72.6	59.4	50.0
全体（％）	73.3	67.3	59.7	62.5	59.9	67.5	69.3	59.3	52.7

（総務省資料より作成）

資料2　参議院選挙年代別投票率の推移

西暦	1989	1992	1995	1998	2001	2004	2007	2010	2013
回数	15	16	17	18	19	20	21	22	23
20代（％）	47.4	33.4	25.2	35.8	34.4	34.3	36.0	36.2	33.4
30代（％）	65.3	49.3	41.4	55.2	49.7	47.4	49.1	48.8	43.8
40代（％）	70.2	54.8	48.3	64.4	61.6	60.3	60.7	58.8	51.7
全体（％）	65.0	50.7	44.5	58.8	56.4	56.6	58.6	57.9	52.6

（総務省資料より作成）
＊両資料も50歳以上の投票率の推移は省略しました。

第44回、第45回総選挙では一時的に上昇しました。

次に参議院選挙について資料2を見てみます。1992年以降20歳代は30％台で、30歳代は50％に満たない数字で推移しています。いずれの世代でも投票率は低下していますが、総選挙同様20歳代は他の世代と比較してもきわめて低い投票率であることは否めません。

「世代群」の推移はどうなっているの？

1996年・第41回総選挙で36.4％であった20歳代は、約10年後の2005年・第44回総選挙で30歳代群として59.8％でした。さらに、約10年後の2014年・第47回総選挙では、40歳代群として50.0％でした。

この世代群の追跡から、20歳代に低投票率であっても30歳代・40歳代では約10数％程度上昇することがわかります。また、参議院選挙でも同様の傾向があります。

東京都選挙管理委員会の資料から見える傾向は？

直近の衆参両院の選挙について、東京都選挙管理委員会が作成した統計資料を見てみます。東京都のみの統計ですが、全国的な傾向の大筋はわかると思われます。一つは、各世代での男女別の投票率の相違についてです。女性の投票率が男性のそれより1％程度上回っていますが、大きな相違は見られません。

二つは、同じ20歳代であっても新成人の投票率は多少高くなっています。衆議院選挙では、新成人である20歳が男女ともに10％近く、参議院選挙では4％ほど20歳代の平均を上回っています。

なぜ若者の投票率は低いの？

以上結論として、20歳代の若者の投票率は1992年を境にして衆議院・参議院選挙ともに30％台であり、きわめて低い投票率と言わざるを得ません。

低投票率の原因としては、第一に国政選挙での争点が解りやすいか否かにあると考えられます。2005年・第44回、2009年・第45回総選挙では40数％以上を示していますが、第44回は郵政民営化、第45回は政権交代が話題・争点になった選挙であり他の世代も含めそれ以前よりも投票率をアップさせています。反対に身近となる争点がなく政治をリアルに感じられない場合は、大きく落ち込む傾向が有ります。次に「世代群」のトレンドから考えてみましょう。一般に20歳代では「税金を取られている」など生活実感が乏しく、政治や選挙への関心度が低いと思われます。しかし、30歳代以降になり「自分の生活」と「政治」にリアリティーを感じるようになると選挙を身近に感じ、投票率が上昇すると考えられます。
　第二に、選挙制度をめぐる問題があります。新成人は初めての国政選挙であり投票率が高くなる傾向がありますが、その後投票所に足を運ばなくなります。よく「選挙結果に落胆する」・「自分の投票が当選に結びつかない」などの声を聞きます。そのような思いは、選挙制度に大きく起因していると考えられます。20歳代の投票率が大きく落ち込んだ1996年は、小選挙区・比例代表並立制が導入された最初の総選挙でした。この選挙制度のもとでは、当選に結びつかない大量の死票がでます。有権者の意思を十分反映させるとは言い難い選挙制度であり、「自分の投票が当選に結びつかない」・「私が票を投じても何も変わらない」といった気持ちを醸成していることは否めません。また、裁判で「1票の価値に格差が有り、不平等な選挙は違憲である」との判決が何回も出ているにもかかわらず、公職選挙法は改正されていません。このような選挙制度とそれを許してきている多数政党の立法不作為が20代の人々の「選挙離れ」を形成していると考えられます。
　第三に、二院制についての不信があります。「参議院はあってもなくてもいい」などです。また、「ねじれ国会」・「なにも決められない国会」などの表現で、参議院無用論が語られていることもあり、参議院の投票

率の低下につながっています。しかし、参議院は立法権や予算議決権のみならず国政調査権や憲法改正発議権なども含め衆議院や他の国家権力機関をチェックする権限を持っています。従って、参議院の投票率の上昇が、二院制を有効ならしめる道であることを再認識する必要があります。

〔福岡公俊〕

Q4 大人が若者を政治から遠ざけてきたのでは？

戦後の平和運動に参加した高校生たち

いまの若者は、「政治に関心がない」「政治や社会の問題を友だちと話さない」「選挙の投票率も低い」とよく言われます。しかし、日本の高校生や若者が政治や社会の問題に「無関心」だったわけではありません。

戦後の新しい高校では、生徒会や生徒会の連合組織が授業料値上げ反対の運動にとりくむこともありました。1954年の第五福竜丸事件をきっかけに全国に広がった原水爆禁止運動では、高校生が街頭で署名活動をおこなう姿も各地でみられました。1960年の日米安保条約の改定では、日本がアメリカのアジアにおける戦争に巻き込まれる危険があるとして、社会党や共産党、労働組合、知識人、学生などによる安保反対闘争が高まりました。高校生もデモや集会に参加しました。生徒会の大会決議で集会に参加した学校もありました。

1960年代後半には、アメリカのベトナム侵略戦争に反対する運動が世界各国に広がり、若者たちが立ち上がりました。日本でも、反戦集会やデモに高校生や多くの大学生が参加しました。大学では、大学運営の民主化や授業・研究条件の改善を求める自治会の運動が高まりました。その影響は高校にも広がり、高校では制服・制帽の廃止や掲示物の許可制の撤廃、授業改善の要求など、さまざまな課題が取り上げられました。

1969年に高校生の政治的活動が禁止された

しかし、1960年代末から一部の党派による学生運動が過激化し、大学

の校舎を封鎖したり、暴力的な街頭行動をとったりしました。一部の暴力的な政治活動に参加する高校生もいましたし、高校でも、校長室や教員室など校舎の一部を占拠し、授業や卒業式を妨害することなどがおこなわれました。

このような問題に対処するために、1969年10月、文部省は、学校の内外において高校生が政治的活動をおこなうことを禁止する通達（「高等学校における政治的教養と政治的活動について」）を出しました。高校生が学校のなかで、政治的な団体や組織を結成することや政治的な文書の掲示や配布、集会の開催などをおこなうことを禁止しました。学校外における高校生の政治的活動も「学校が教育上の観点から望ましくないとして生徒を指導することは当然」とのべています。

高校生の政治的活動を禁止した理由はつぎのようなものでした。
（1）生徒は未成年者であり、民事上、刑事上などにおいて成年者と異なった扱いをされるとともに選挙権等の参政権が与えられていないことなどからも明らかであるように、国家・社会としては未成年者が政治的活動を行なうことを期待していないし、むしろ行なわないよう要請しているともいえること。
（2）心身ともに発達の過程にある生徒が政治的活動を行なうことは、じゅうぶんな判断力や社会的経験をもたない時点で特定の政治的な立場の影響を受けることとなり、将来広い視野に立って判断することが困難となるおそれがある。

この他に、生徒が政治的活動を行なうことは学校がおこなっている政治的教養の教育を阻害するおそれがあること、政治的活動をおこなうことによって学校や家庭での学習がおろそかになること、なども理由にあげています。

いまから40年以上も前にだされた「通達」ですが、みなさんはこのような見解をどのように思いますか。生徒会がフランスの核実験（1995年）に反対する署名活動を行なおうとしましたが、学校は「教育の場で高校

生が政治的に行動するのは問題である」として、それを中止させたということがあります。これは禁止されなければならない「政治的活動」なのでしょうか。

授業では現実の政治・社会問題を取り上げなくなった

　この「通達」は、教員に対して、「現実の具体的政治的事象は、内容が複雑であり、評価の定まっていないものも多く、現実の利害の関連等もあって国民の中に種々の見解がある」ので、「公正な態度で指導」し「慎重に取り扱う」ことを求めました。この通達の影響として、多くの学校では、高校生の政治的関心に応えようとするとりくみを抑制し、授業やホームルームで、現実の政治的な問題を取り上げることに消極的になる傾向が強くなりました。「政治経済」や「現代社会」の教科書も、日本国憲法や政治の仕組み、選挙制度は説明するけれども、各政党の特徴や政策上の争点を取り上げることは不十分でした。文部省は、教科書検定（民間で編集した教科書の内容を事前に審査し合否を決定する制度）によって、自衛隊や日米安保条約をめぐる問題、原発などの記述に対して、きびしい修正条件をつけました。

　受験競争が激しくなるなかで、高校生は、「進学や就職のための勉強」にかりたてられていきました。学校内暴力やいじめ問題が深刻化し、高校生の意識は内向きになっていきました。社会部や新聞部の活動も低迷し、文化祭で社会問題を取り上げる企画も少なくなっていきました。

　このような動きをみてみると、むしろ大人の側が、高校生や若者の政治や社会問題への関心を阻んできたといえるのではないでしょうか。

高校生は、自ら学び、交流する輪を広げてきた

　しかし、高校生は、このような政治的活動を禁止した「通達」のもとで、黙っていたわけではありません。核兵器廃絶を掲げた全国高校生平和集会が1974年から毎年8月に開催されてきました。長崎の高校生は、

2001年から世界平和と核兵器廃絶の願いを国連に届ける「高校生１万人署名」の活動を毎年おこなっています。

　2001年９月11日に起きたテロ事件とその後の報復戦争、自衛隊の派遣に対して、2002年に東京の高校生たちが「私たちは殺したくも殺されたくもありません」「日本政府は憲法第９条を生かし、世界の先頭にたって戦争とテロをなくすために行動すること」を求めた署名活動にとりくみ、2003年２月に9607筆の署名をもって外務省に要請しました。アメリカによるイラク攻撃が開始された翌日の３月21日には、「イラク攻撃反対全国高校生平和大集会」を東京都内で開催しました。この集会には1250人が参加し、渋谷からアメリカ大使館をへて日比谷公園までピース・パレードを行ないました。

　また、2002年には、環境問題にとりくむ各地の高校生が高校生環境連盟をつくり、高校生環境フォーラムを開催しています。最近では、10代の政治関心の向上および政治参加の拡大を目的とする団体「僕らの一歩が日本を変える」が討論イベント「高校生100人×国会議員」を行なっています。「生徒会活動を活発にしたい」「日本の高校をより良い場所にしたい」と、2013年から「全国高校生徒会大会」が毎年開かれています。

　1989年に国連総会で採択された「子どもの権利条約」は、18歳未満の子どもに、「意見表明の権利」「表現の自由」「思想・良心・宗教の自由」「結社・集会の自由」を保障しています。日本政府も、1994年にこの条約を批准しました。本来ならば、この「子どもの権利条約」を批准した段階で、文部省は「1969年通達」を撤回すべきだったのです。

　いま、文科省は、18歳選挙権の実現を受けて、この「通達」の見直しをおこなっています。それがどのような内容になるのか、注目されています。
〔沖村民雄〕
〔追記〕文科省は、2015（平成27）年10月29日に高校生の政治活動や選挙運動のあり方について述べた「高等学校における政治的教養の教育と高等学校の生徒による政治的活動等について（通知）」を発出しました。

Q5 18歳で成人になるのですか？

選挙権が認められたことで、18歳で自動的に大人（成人）になるの？

　選挙権の獲得は、大人であることの要件の一つともいえますが、それをもって自動的に社会的に大人と認められるわけではありません。今回成立した公職選挙法の附則には、大人として扱う年齢（成年年齢）を20歳以上とする民法や、20歳未満に適用される少年法について「必要な法制上の措置を講ずる」と明記されています。つまり、18歳が社会的に大人（成人）と扱われるためには法的な裏付けが必要なのです。そして、18歳を大人（成人）とすることについても、18歳選挙権同様、賛否両論があります。

「民法」の成年年齢が18歳に引き下げられると

　現在の民法は、「年齢20歳をもって、成年とする」（第4条）と定めています。第5条では、「未成年者が法律行為をするには、その法定代理人の同意を得なければならない」（第1項）、「前項の規定に反する法律行為は、取り消すことができる」（第2項）として、未成年者は経済取引において保護されることを保障しているのです。また、「成年に達しない子は、父母の親権に服する」（第818条）として、未成年者は父母の監護（子を養育・保護すること）および教育を受けることを示しています。この民法の成年年齢が18歳以上に引き下げられると、18歳、19歳が親の同意なしにローンなどの契約ができるようになります。また、結婚も親の同意が不要になり、現在は禁じられている競馬の馬券や競艇の舟

券を購入することも可能になります。これらは民法の成年年齢に連動して年齢が引き下げられるものです。

　他方で、民法の年齢に連動しないものもあります。飲酒や喫煙できる年齢は、それぞれ未成年者飲酒禁止法、未成年者喫煙禁止法により、20歳以上となっています。いずれも若年者の健康被害の防止を目的とするものです。また、普通免許を取得できる年齢は18歳以上（道路交通法）、パチンコができる年齢は18歳以上（風営法）として、現在でも認められています。これらは民法とは別に、それぞれ固有の目的を持つ法律によって規定されているものです。

「少年法」の適用年齢が18歳に引き下げられると

　現行の少年法において、「少年」とは20歳に満たない者をいい、「成人」とは、満20歳以上の者をいいます（第2条）。事件を起こした者が少年の場合、どのように扱われるのでしょうか。逮捕されると、まず検察に送られます。成人であれば検察が起訴するかどうか判断し、起訴されれば公開の法廷で裁判が行われますが、少年事件の場合は、検察から原則としてすべて家庭裁判所に送られます。家裁では非公開の手続きで、少年院に入れるべきか、社会生活を送りながら立ち直りを目指すべきか検討されます。家裁での審判で言い渡される処分は、刑罰ではなく保護処分なのです（ただし、家裁が「大人と同じように処分すべきだ」と判断すると、「逆送」といって検察に送り返され、大人と同様の手続きが進みます）。保護処分とは、非行を犯した少年の未熟性に着目し、教育的な働きかけによって少年に自らの行為の意味を理解させ、社会的不適応の原因を取り除こうとするものです。少年法の適用年齢が18歳未満に引き下げられると、罪を犯した18歳、19歳は家裁には送られず、公開の刑事裁判の対象となります。また、18歳、19歳でも実名や顔写真を報じることが法律上可能となります。

日本の世論と少年犯罪

　毎日新聞が今年、2015年6月に実施した世論調査では、成年年齢の18歳への引き下げについては「賛成」が44％、「反対」が46％と拮抗しています。少年法の適用年齢の18歳への引き下げについては、「賛成」が80％に上り、「反対」は11％でした。この点については、今年3月に産経新聞が実施した世論調査でも、ほぼ同様の数値で「賛成」が82.2％に上り、「反対」の14.1％を大きく上回っています。神戸児童連続殺傷事件（1997年）や川崎市中1男子殺害事件（2015年2月）など少年による凶悪事件の発生に対する国民感情が背景にあると思われます。

　一方で、警察白書（平成26年版）によると、少年の刑法犯検挙数は1983年に19万6,783人をピークに翌年から減少傾向となり、2013年は5万6,469人で戦後最低を記録しました。また、殺人や強盗など凶悪事件に限っても、2013年は10年前のほぼ半分の786人となっています。

民法の成年年齢、少年法の適用年齢引き下げに対する主な意見

　民法の成年年齢の18歳への引き下げを求める立場からは、「今の若者はやらせれば何でもできる、大人としての能力を持っている」とする意見が、引き下げに反対する立場からは、「年齢を引き下げることにより、若者を被害者とする消費者被害の拡大が予想される」など、20歳未満の若者を保護する必要があるとする意見があります。若者の成熟度をどうみるかによって意見が分かれています。

　少年法が適用される年齢の引き下げについては、一方で、18歳選挙権の導入とともに、「国の将来を決める権利を得るのだから相応の義務も伴うべきだ」、「参政権を得るのに保護されるのはバランスを欠く」として、保護対象を18歳未満へ引き下げるよう求める声があります。他方で、現在の18歳は自立が困難になっていると捉え、非行の防止に必要なことは、まず、少年の心の傷を受け止め、教育・福祉的援助をすることであるとして、成人年齢を引き下げることには反対する意見があります。さ

らに、ドイツの制度（18歳以上21歳未満を「年長少年」として特別に扱い、精神の成熟度や犯行の内容によって刑法と少年法のどちらを適用するか決める）を参考にして、適用年齢を18歳に引き下げると同時に、18歳、19歳に特別な保護規定を設けるという新しい案が自民党内で検討されていることが報じられています。

どう考えるべきか？

　法務省の調査（2008年）によると、選挙権年齢と成年年齢が18歳で一致している国・地域は196ヵ国・地域の中で126ヵ国・地域（64％）であり、選挙権年齢が成年年齢よりも高い国・地域、逆に選挙権年齢が成年年齢よりも低い国・地域も存在します。世界的には、選挙権年齢と成年年齢の関係は多様であるといえます。また、アメリカ、オーストラリアなど欧米先進国で選挙権年齢と成年年齢が18歳に引き下げられたのは1960年代後半ですが、その重要な理由の一つに、ベトナム戦争への兵役義務または志願年齢が18歳であったことが指摘されています。それぞれの国の歴史的、社会的な経緯があることがわかります。

　ですから、選挙権年齢と民法の成年年齢、少年法の成人年齢を考える際に、「18歳が世界の大勢であるから日本もそうすべきだ」というのでは思考停止です。また、獲得した選挙権との「バランス論」でもなく、今日の日本の若者の精神的成熟や経済的、社会的な自立の度合い、若者を取り巻く社会的な状況にふさわしい配慮が求められるべきでしょう。社会の複雑化に伴って教育・学習期としての社会的猶予期間（モラトリアム期）は長期化し、今や人生の4分の1から3分の1ともいわれます。青年期には社会的保護・ケアが不可欠であることを前提に、少年法をはじめ、それぞれの法の固有の目的に照らし、個別に年齢引き下げの是非を判断していくことがもとめられているのではないでしょうか。

〔山口一雄〕

Q6 投票できる人はどのように増えてきたのですか？

議会政治と選挙権

　近代の議会を中心とした政治が確立したのはイギリスが最初です。イギリスでは、17世紀における名誉革命をへて、議会が国政の最高機関としての地位を確立しました。議会が決めた法律によって権力者（国王）を拘束し国民の自由と権利を守るという「法の支配」の原則が確立しました。しかし、代表者を選ぶ選挙権は一部の地主や資本家などに制限されていました。選挙権は税を納める者の特権であり、「財産と教養ある市民」が政治をおこなうのにふさわしく、教育も受けていない民衆には理性的な判断はできないとされたのです。

　18世紀になると、国の政治のあり方を決定する権限は国民が持っているという考え方が広がり、アメリカの独立宣言（1776年）やフランスの人権宣言（1789年）で国民主権が宣言されました。しかし、ここでも選挙権を持っていたのは地主や商人、資本家など財産を持っている人びとだけでした。

　その後、資本主義の発展とともに、貧富の格差が拡大しました。財産を持たない労働者は、労働組合をつくる権利や労働条件の改善を求めて立ち上がり、貧困や失業に対する保障を求める運動も高まりました。このような要求を政治に反映させるために、財産に関係なく、だれもがある年齢になれば選挙権を持つことができるという普通選挙権を求める運動が、学校教育の普及とともに広がっていきました。この普通選挙権の実現には長い時間とたたかいが必要でした。

普通選挙権獲得のたたかい

　男性の普通選挙権がいちはやく実現したのは、1776年に独立宣言を発表したアメリカです。独立戦争の前後に制定された各州の憲法では、財産と納税額によって選挙権が制限されており、黒人奴隷や先住民も排除されていました。しかし、1820年代から男性の普通選挙権を認める州が増え、新たにつくられた西部の諸州でははじめから普通選挙権を認める州もありました。しかし、1863年のリンカーン大統領による奴隷解放宣言後も、南部では州法によって黒人を選挙からしめだすことが1960年代まで続きました。1950～1960年代の公民権運動によってようやく人種による差別が撤廃されました。

　イギリスでは1832年に第一次選挙法の改正がおこなわれましたが、一部の産業資本家に選挙権が拡大しただけでした。イギリスの労働者たちは、人民憲章（ピープルズ・チャーター）を掲げたチャーティスト運動（1830年代～50年代はじめ）において、男性の普通選挙権・秘密投票・立候補する人の財産資格の撤廃・選挙区の平等などを主張しました。この運動は政府によって弾圧されましたが、その後の数次にわたる選挙法の改正で選挙権がしだいに拡大されていきました。21歳以上の男性と30歳以上の女性の普通選挙権が実現したのは1918年のことでした。

　フランスでは、1789年にはじまったフランス革命のなかで、1792年に最初の普通選挙がおこなわれました。しかし、普通選挙権はすぐに廃止されてしまいました。その後、産業革命の進行によって登場してきた労働者が普通選挙を要求する運動を激しく展開し、1848年の二月革命後、男性の普通選挙権が実現しました。つづいて帝政廃止後の1871年にパリの労働者が革命にたちあがりました（パリ・コミューン）。こうして三度にわたる革命をへて、1875年に第三共和国憲法が制定され、普通選挙権が定着していきました。

　ドイツでは第一次世界大戦の末期、1918年にキール軍港の水兵の暴動から革命運動が全国に拡大しました。国王を追放したドイツ革命後の新

政府は、1919年に20歳以上の男女による普通選挙を実施して成立した議会で新憲法（ワイマール憲法）を制定しました。この憲法で20歳以上の男女の普通選挙権、社会保障や労働者の権利などを保障しました。

女性の選挙権を求めて

　世界でもっともはやく女性の選挙権が実現したのは、1869年、アメリカのワイオミング州でした。アメリカでは19世紀の半ばから女性たちが奴隷制廃止運動とともに参政権獲得の運動に取り組みました。選挙権がないのに投票所に行って投票するデモンストレーションや税金の支払い拒否運動などを展開しました。しかし、多くの州では女性の選挙権は認められないままでした。その後、第一次世界大戦中に多くの工場で女性が働き、戦争を支えたということで、男性と平等の選挙権をという主張が強くなり、1920年の合衆国憲法改正によって、すべての州で女性の選挙権が認められるようになりました。

　国として初めて女性の選挙権が実現したのはニュージーランドです。裕福な家庭の女性が高校や大学に進学し、女性の社会進出が進むなかで、女性の選挙権を求める署名運動が全国に広がり、1893年に国会で認められたのです。

　イギリスでは19世紀の後半から女性の参政権をめざす運動が広がりました。20世紀の初めには、直接行動に訴えて選挙権実現の運動を展開する組織もあらわれました。彼女たちは、首相官邸の鉄柵に体を縛り付けたり、繁華街のショーウィンドーをたたき割ったりして、選挙権の実現を訴えました。政府が女性たちの要求を受け入れたのは、第一次世界大戦における「総力戦」が背景にあります。女性も軍需工場に動員せざるをえなくなった政府は、戦後に女性にも参政権を与えるという約束で、女性たちの協力を得たのです。第一次世界大戦が終了した1918年、30歳以上の女性に選挙権が与えられ、1928年には、21歳以上の男女に平等な参政権が実現したのです。

日本で男性の普通選挙権が実現したのは

日本では、1889年（明治22年）に大日本帝国憲法が制定され、帝国議会がつくられました。このとき、15円以上の直接国税をおさめる25歳以上の男性だけに衆議院議員を選挙する権利を与えました。また、最初の選挙では、投票用紙に候補者名と自分の住所・姓名を記入し、実印まで押させる記名投票でした。

その後、この納税資格による選挙権の制限をなくせ、という普通選挙権獲得の運動が高まり、1925年に成立した普通選挙法によって、25歳以上の男性に普通選挙権を認めることになりました。女性参政権をめざす運動もおこなわれてきましたが、女性には選挙権が与えられませんでした。

この普通選挙権の実現によって労働者や小作人の政党が議会に進出することを抑えるために、政府は治安維持法を制定し、天皇制に反対する運動や社会主義運動を弾圧しました。

戦後の民主化のなかで20歳以上の男女に普通選挙権が保障された

第二次世界大戦後、日本を占領した連合国軍総司令部（GHQ）は、ポツダム宣言にもとづき、日本の非軍事化と民主化を推進しました。1945年12月の選挙法改正により、満20歳以上の男女に選挙権が保障されました。半世紀以上にわたる女性選挙権要求の運動がようやく実を結びました。帝国議会の審議の中で、政府は選挙権年齢を引き下げる理由を「①教育文化の普及などによって青年の知識能力が著しく向上した。②満20年に達した青年は国政参与の能力と責任観念においても欠けるところがない。③青年の選挙参加によって、選挙界の弊害を一新し、新日本建設の新しい政治力を形成する」と述べています。1946年4月に行われた戦後初めての総選挙では女性議員が39人当選しました。

それから70年たった2015年に選挙権年齢を満18歳以上に引き下げることが実現しました。私たちには、主権者としての自覚と政治的関心、的確な判断能力が求められています。　　　　　　　　　　〔沖村民雄〕

Q7 立候補できる年齢も下がるのですか？

被選挙権は元のまま

今回の改正で選挙権年齢は18歳に引き下げられましたが、被選挙権年齢はそのままです。被選挙権とは立候補する権利のことです。たとえば今まで参議院議員選挙の投票に行ける年齢は20歳でしたが、参議院議員に立候補できる年齢は30歳なのです。そして、この年齢は改正されないままです。

今まで選挙がおこなわれる度に若者の低投票率が問題になりました。若者を投票に行かせるためにあの手この手の取り組みが実施されています。前回の都知事選ではAKB48まで駆り出されています。でも、若者の低投票率は問題になるものの、若者の低立候補率が問題になったことは今まで一度もありません。当然です。若者には立候補できない仕組みになっているのですから。若者が立候補するには年齢と供託金という二つの大きな壁があります。

供託金とは、立候補する時に一定金額を法務局に預ける制度です。それが日本の場合、世界に類を見ないほどの高額なのです（国会議員の場合、選挙区300万円　比例代表600万円）。このことについては別章でふれることにして、ここでは年齢についてみてみましょう。日本の選挙制度では被選挙権年齢は表7-1のようになっています。

表のように、どの選挙でも被選挙権年齢は選挙権年齢よりも高く設定されています。なぜ、二者には差が設けられているのか。たとえば、今回の改正にあたって、菅官房長官は選挙権年齢が「18歳以上」となる法

第1章　18歳選挙権で何が変わるのか

表7-1　選挙に立候補するのに備えていなければならない条件

衆議院議員	日本国民で25歳以上であること。
参議院議員	日本国民で30歳以上であること。
都道府県知事	日本国民で30歳以上であること。 その都道府県議会議員の選挙権を持っていること。
都道府県議会議員	日本国民で25歳以上であること。
市町村長	日本国民で25歳以上であること。
市町村議会議員	日本国民で25歳以上であること。 その市町村議会議員の選挙権を持っていること。

改正を受けて被選挙権年齢の引き下げも検討するよう求める声が出ていることについて、記者会見で次のように述べています。

「社会的経験に基づく思慮や分別を踏まえて今日まで設定されてきた。職務内容や年齢とのバランスを考慮しながら、これから検討されるべきことだ」

被選挙権年齢が高く設定されていることには正当性があるのでしょうか。以前、こんな投書が新聞に載りました。投書したのは29歳の男性です。

「私には選挙権はありますが、参院選に出馬したくても立候補できません。公職選挙法で被選挙権は衆院は25歳、参院は30歳以上の者と明記されているからです。どうして選挙権と同様、被選挙権も20歳から認められないのでしょうか。納税者としての権利は、憲法の『法の下の平等』は、どうなっているのでしょうか。

選挙権と被選挙権の2つの権利は国民の基本的権利です。この2つの権利が公正かつ適正に運用されて初めて、民主主義が成り立つのです。つまり、参政権は基本中の基本の権利なのです。

成人者に年齢によって権利の制限を加えることは、納得いきません。たぶん議員になるだけの技量がない、未熟だという理由からでしょうが、それは20代の者を侮辱し、納税者としての権利、国民としての権利

をないがしろにするものではありませんか。

　選挙権を10代に引き下げる問題も含め、ぜひともこの年齢差別ともいえる法律の条文を改正したいものです」（「朝日新聞」1992年7月8日付）

　もう20年以上前から問題視している人がいたのですね。25歳や30歳は「社会的経験に基づく思慮や分別」があり20歳にはないなんて、たしかに合理的な説得力に欠けるようです。みなさんはどう考えますか。

被選挙権　外国の場合

　では、この被選挙年齢、外国ではどうなっているのか、みてみましょう。

　たとえば、ウェストバージニア州の州議会選挙で当選したウェストバージニア大学の一年生であるセイラ・ブレアさん（18歳）。彼女は63％の票を獲得、民主党候補に圧勝し、ウェストバージニア州の最年少議員になりました。アメリカ合衆国の下院の被選挙権年齢は25歳ですが、地方になると州ごとに年齢はまちまちです。21歳以上としている州が25州と最も多く、次いで18歳以上が19州、24歳以上が3州、25歳以上が3州となっています。市町村にまで話をもっていくと、2005年にアメリカのミシガン州ヒルズデール市では18歳の高校生市長、マイケル・セッションズさんが誕生し、2001年にはペンシルベニア州マウントカーボン町で18歳の大学生町長が誕生しています。

　諸外国の選挙権・被選挙権年齢をグラフにしたものを図7-1に示しました。

　たとえば、被選挙権を18歳にしている国は、イギリス、カナダ、オーストラリア、スペイン、ポルトガル、スウェーデン、デンマーク、ドイツ、スイスなど、50ヵ国以上。21歳以上に範囲を広げると108ヵ国が該当します。

　日本の被選挙権は先にみたとおり25歳以上だから、世界に比べると4歳の差があるということです。

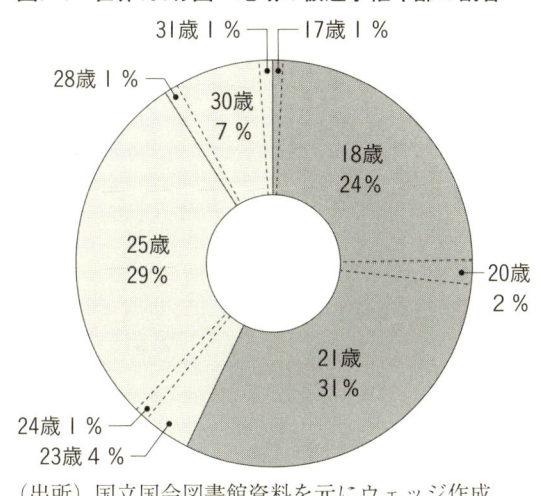

第1章　18歳選挙権で何が変わるのか

図7-1　世界191ヵ国・地域の被選挙権年齢の割合

- 17歳 1%
- 18歳 24%
- 20歳 2%
- 21歳 31%
- 23歳 4%
- 24歳 1%
- 25歳 29%
- 28歳 1%
- 30歳 7%
- 31歳 1%

（出所）国立国会図書館資料を元にウェッジ作成

　先の菅官房長官の言葉を借りるなら「社会的経験に基づく思慮や分別」が日本人は諸外国に比べて4年遅れているということなのでしょうか。それが日本の若者の精神年齢だ、と言うつもりなのでしょうか。
　想像してみてください。クラスメートの1人が市長選に立候補を表明する。たぶん、そこには彼、あるいは彼女を応援するたくさんの生徒たち、応援しなくても投票に行く生徒たちの群れができていくでしょう。被選挙権年齢の引き下げも若者の政治参加を促す大きなきっかけになるはずです。

〔武藤　章〕

Q8 18歳選挙の メリット・デメリットを教えてください

みんなが政治を変えられる

　18歳選挙権のメリットは、18歳、19歳の若者が政治の決定に関与できるようになることです。

　1960年代以降に18歳選挙権を実現してきたヨーロッパの国々では、高校生・学生の投票率が高い水準になっています。学校で誰もが政治や経済について学んでいるときに選挙があれば、学び考えたことを活かして投票をおこなうことができるのです。

　それに若者にかかわる政治問題もいろいろあると思います。高い授業料、銀行ローンとかわらない利子や取り立てのある奨学金。うつ病発症や自殺など若者を苦しめている就活、みんなの親世代の2倍以上にまで増加してきている高い非正規雇用率の問題などどれも、みんな、意見を言いたいだろうし、このことを基準に議員を選びたいと思うかもしれないですね。

　校内での投票依頼はできませんが、自分に関わることとしてクラスメイトと政治や経済について話し合うこともできます。きっと、その体験は長い人生で主権者として考え行動していく大事な土台になっていくと思います。その中で世の中全体の「政治不信」や「政治的無関心」が減っていくと理想的ですね。

　外国のなかには、16歳選挙権に動いている国もたくさんあります。選挙権年齢の引き下げはやはり求められていることなんだと思います。

　そして、政党・政治家も「有権者」の若い世代に対して今までよりも

ずっと向き合い、配慮することになると思います。人口の少ない若者世代に政党・政治家もあまり関心を向けていません。人口が多く、真面目に投票してくれる高齢者の政策に目を向けがちなのです。18歳選挙権の実現で、若者向けの政策が今までよりも増えてくるんじゃないでしょうか。みんなの同世代の人の意識も変わっていくかもしれないですね。

そういうわけで、今回の18歳選挙権実現で、みんなが有権者として考え行動することは、間違いなく、みんなのメリットになっていくと思います。

みんな真剣に考えるかな？

国民投票法ができ18歳選挙権が実現するのではないかということで、高校生に「18歳選挙権に賛成？　反対？」と聞いたことが何回かあります。すると、「政治のことはよくわからないし、選挙権はまだいらないよ」とか「どうせ何も変わらないでしょ」という意見や、「真面目に考えない人もいると思う。その時の気分で軽い気持ちで投票して、それが日本の政治に大きな影響を与えたら困るから反対です」という意見がありました。特に「真面目に考えない人も……」という意見は授業で真剣に学んでいる人たちから多く聞かれました。

また、実際に投票所に行く人がどれだけいるのかという心配もありますね。「休みの日に投票所にいくなんて面倒くさい」という感覚の人も多いかもしれません。でも、投票率が低くても、「選挙権をあげたんだから」と徴兵制とか怖い制度が若者を対象におこなわれてしまう危険性もないわけではないのです。普通選挙権の導入など、選挙権の拡大は、徴兵制などの義務と結びついているということを歴史の授業で聞いたことがある人もいるかもしれませんね。

それから、上の世代の人のなかには、人生経験もたいしてない若いやつに、大人と同じ権利を与えるのはよくないんじゃないかと思う人もたくさんいます。18歳選挙権実現が、国民投票法成立後すぐに実現しな

かったのには、そういうデメリットへの心配・不信が多かったからだろうと思います。

　もう一つありました。18歳選挙権実現にあたって、いろいろな法律の成人・少年の年齢の変更に関する検討が行われています。若者の良さは、ある程度、試行錯誤する自由があって、大人から大目にみてもらえる（保護してもらえる）権利もあるということです。それがなくなることは、みんなにとっては窮屈な話かもしれませんね。そのことを心配して、18歳選挙権はまだ早いと言っていた大人もいたのです。

せっかくの選挙権、活かそうよ！

　大人と同じ責任か……と気が重くなってきた人もいるかもしれません。

　でも、ようやく手に入れた権利です。ポジティブに考えて、活かしてほしいと思います。

　みんなが一番使っている媒体のネットでの選挙に関しても、メールについては制限がありますが、ホームページやブログ、プロフ、ツイッター、Facebook、LINEなどのSNSやニコニコ動画などは、自分の支持する政党や候補者の活動の紹介に活用していくことが可能です（ただし、有権者だけです。詳しくはQ16を参照）。授業で学習したり自分で調べたりして知ったこと、思ったことを実際の選挙＝政治に反映させていくチャンスを大事にしてほしいと思います。

　黙って投票せずにいると、「選挙権を与えたうえで決めたんだから、賛成したってことだろう」と、大人に言われてしまうかもしれません。ギリシャなみの多額の国の借金の返済問題、本当にもらえるのかわからないのに払うように言われる年金保険料……。今の問題だけではなく、みんな自身の未来のことも考えて、選挙権を行使していきましょう。国政選挙は、立法者を選ぶ機会・権利です。選挙で選ばれた議員が、みんなを縛り、人生を左右する法律を決めていくのです。18歳選挙権が実現

した今、みんな自身が、自分に関わる最も大切なことを決める人を選ぶ機会を獲得したことを認識して、デメリットを乗り越え、メリットを活かした行動を主権者・有権者としておこなっていきましょう。

〔池田考司〕

Q9 各国の事情について教えてください

世界の大勢

海外では選挙権年齢は、「18歳以上」が主流です。国立国会図書館の調査（2014年）では、調査できた191の国・地域のうち、9割以上の176ヵ国が下院の選挙権を18歳以上としています。特に主要8ヵ国（G8）では、日本以外の7ヵ国が18歳以上、経済協力開発機構（OECD）加盟の30ヵ国では、日本と韓国を除くすべての国が18歳までに選挙権を認めています。16歳に引き下げている国や検討している国もあります。

被選挙権を引き下げる国も相次いでいます。こうした国々では高校生の地方議員など若い地方政治家が誕生しており、ノルウェーでは過去に高校生が国会議員に当選したこともあります。

主な国のようす
①イギリス

イギリスでは、選挙権年齢・成人年齢は、ともに1969年に18歳に引き下げられており、現在では、選挙権年齢を16歳に引き下げる議論が活発になっています。

選挙権年齢引き下げ（1969年）に関する政府の提案理由は次のような点でした。

青年は肉体的にも早く成熟し、若くして結婚し、大人としての社会的責任を負っていることや、教育も進んでおり、知識も豊富になっていること。また若い者に選挙権を与えることは、政治に活気を与え、新しい

考え方を吹き込むことになり、参加の感覚を与えるのに役立つという点でした。加えて、18歳で成人に達し社会的に責任を負うのに、選挙権が与えられないのは不均衡であるとの点もありました。

2014年に、スコットランドで独立をめぐる住民投票に16歳も参加しました。これが成功だったとして、スコットランドでは議会と地方議員の選挙権年齢を16歳以上に引き下げる法案が可決され、2016年5月の選挙から実施されます。また、マン島やジャージー島などのイギリス王室属領でも16歳以上に認められています。

国政レベルでも、選挙権年齢のさらなる引き下げも検討されています。特にスコットランドでの住民投票が、若者の政治意識を高めたという経験が刺激になりました。2015年の総選挙では労働党など複数政党が、16歳以上に選挙権年齢を引き下げることを公約に掲げました。

なお、イギリスの特徴は、選挙権年齢の引き下げをめぐる議論が、政治的リテラシーを養う学校でのシティズンシップ（市民性）教育、主権者教育の重視を含んで行われている点です。

②アメリカ

アメリカでは、選挙権年齢は1971年に合衆国憲法の修正第26条が成立し、連邦・州・地方選挙とも18歳となっています。また、成人年齢・結婚適齢とも、州法が規定する事項になっており、ほとんどの州が18歳としています。

選挙権年齢が18歳に引き下げられた背景には、1960年代のベトナム戦争での、若年層の徴兵がありました。18歳は、兵役の義務や結婚、契約、銃の所持などさまざまな義務や権利が与えられているのに対して、権利義務を決定する政府を選挙することに参加することができないのは不当であるとの主張でした。

なお、選挙権が18歳ということは高校にも有権者がいるということになります。アメリカの議員や大統領候補などは高校に行って演説することもあります。特に大統領選は1年以上にわたるロングラン選挙である

ため、候補者たちは名前を売るため、翌年に選挙権を得る高校2年生にも演説するということです。

③ドイツ

ドイツでは、1970年に選挙権年齢を18歳に引き下げ、被選挙権年齢を「成人年齢」とする改正がされました。また、1974年には、成人年齢と婚姻年齢が18歳に引き下げられ、その結果、被選挙権年齢も18歳となっています。また、州の選挙制度は、連邦制をとっているので各州で独自に定めており、一部の州では選挙権年齢を16歳に引き下げています。

選挙権年齢が引き下げられた理由は、1960年代の学生運動の高揚と激化にありました。1960年代の学生運動の経験によって、若者の政治的関心の高さが認められたことや、反面で激しい運動に対応するには、選挙権を与えて政治的社会的責任を負わせることが適当であると考えられました。兵役の義務（18歳から）との公平も問題になりました。21歳から25歳の青年層の投票状況や政党支持率などの分析から、だいたい大人と同じような考え方をしていることが予想され、各政党が合意できたという事情もあるようです。

なお、成人年齢は21歳、婚姻適齢は男性21歳、女性16歳でしたが、1974年に成人年齢と婚姻年齢は、男女とも18歳に引き下げられました。

④フランス

フランスでは、1974年に選挙権年齢と成人年齢が一括して21歳から18歳に引き下げられました。引き下げは、保守派のジスカールデスタン大統領の選挙公約でした。また、下院の被選挙権年齢は、2011年に23歳から18歳に引き下げられました。

その理由は、成年年齢引き下げにより若者の責任感が育まれるということでした。国内法の視点からも、従来（1906年）から、刑事法（18歳以上）、兵役（18歳）など不統一であった未成年者の法的地位を統一することもありました。被選挙権年齢も、2011年に23歳から18歳に引き下げられました。また、ナポレオン法典（1803年）以来、男性18歳、女性

表9-1　世界の選挙権年齢

選挙権年齢	国・地域数	代表的な国
16歳	6	オーストリア、アルゼンチン、ブラジル、キューバ、エクアドル、ニカラグア
17歳	3	インドネシア、北朝鮮、東ティモール
18歳	167	アメリカ、フランス、ドイツなど
19歳	1	韓国
20歳	5	日本、バーレーン、カメルーン、ナウル、台湾
21歳	9	クウェート、マレーシア、シンガポールなど
25歳	1	アラブ首長国連邦

（2015年　http://www.youthpolicy.org/factsheets/など）

15歳としていた婚姻適齢も、2006年に男女とも18歳にしました。

⑤韓国

韓国の選挙制度はさまざまな政治的変動によって、めまぐるしく変わりました。1987年の民主化宣言によって第六共和国憲法が制定され、韓国憲政史上最も民主主義的な体制がとられました。選挙権は20歳とされました。地方議会の選挙も90年代に入って復活しました。

1997年には国連人権委員会から選挙権年齢の引き下げについて勧告を受けました。主な理由は、韓国の兵役の義務や公務員資格が18歳であることなど国内の法令との整合性などでした。

選挙権年齢は2005年に、成人年齢も2013年に、20歳から19歳に、それぞれ引き下げられました。選挙権年齢や成人年齢を18歳にしなかった理由は、18歳に引き下げると高校生3年生に未成年と成年、選挙権のある者とない者が混在すると混乱の恐れがあるので、当面の段階的措置として19歳とすることにしたということです。

結婚適齢は、男18歳、女16歳でしたが、男女平等の観点から、2007年に男女とも18歳とされました。

〔斉木英範〕

Q10 主権者とは？民主主義とは何ですか？

国民主権は日本国憲法の基本原理

　みなさんは、日本国憲法の3つの基本原理が、国民主権、基本的人権の尊重（保障）、平和主義であることを知っていると思います。戦前の大日本帝国憲法下の日本では、「神聖にして侵すべからず」（第3条）と、神格化された天皇が、国家を治める中心に存在していました。国民は「臣民」と規定されていました。しかし15年におよぶアジア太平洋戦争の敗戦で、連合国に降伏した日本は、あたらしい日本国憲法のもとで、国家の政治のあり方を最終的に、あるいは根本的に決定する権力（権利）は国民全体にある、という国民主権の原理を確立したのです。

　他方で日本国憲法の前文には、「日本国民は、正当に選挙された国会における代表者を通じて行動し」、「政府の行為によって再び戦争の惨禍が起こることのないようにすることを決意し、ここに主権が国民に存することを宣言し」とあります。つまり一人ひとりの国民が選挙で、国民の意思や要求を実現してくれる議員を選び、かれらに主権者たる国民の権限を信託して、政策を決定するという代議制民主主義の制度（システム）を採ったのです。つまり少数の権力者が、勝手に法律をつくり、それを国民に強制することは許されない、ということなのです。

　したがって国民全体が主権者であるためには、その全体を構成している、若者も含めて一人ひとりの国民が、主権者の自覚と責任をもって、国のあり方を考え、政治に参画していくことが求められるわけです。「未来の主権者」といわれる子どもも国や地域の政治に言いたいこともある

わけですから、「現在の主権者」といっても良いはずです。

民主主義（デモクラシー）とは？

民主主義（デモクラシー）という言葉から、みなさんはリンカーンの「人民の、人民による、人民のための政治」という有名な言葉を思い起こすかも知れません。1863年、南北戦争の最大の激戦地であったゲティスバーグでの戦死者追悼式で述べた、2分間の短い演説の末尾にある文言です。つまり国民の間に発生する利害対立を調整する統治のルールは、統治される国民（人民）自身が決定すること、これが民主主義（デモクラシー）の本質であるということなのです。

そうしてみると主権者たる国民が選挙によって議員を選び、多数決によって何かを決定するという、代議制民主主義の制度は、政治を円滑に運営するための有効な制度（システム）であることは確かです。したがって主権者である国民の一人ひとりが、政治家やメディアが民主主義を守る力と意志があるのか、そして自分たちの要求を実現するために誠心誠意働いているのかを、常にチェックしていくことは、民主主義の水準を高めて、政治を動かすためには、とても大事な営みと言えます。

他方で、国家権力をも拘束する法の支配や自由権・平等権、あるいは多数決原理などを主要な要件とする近代の市民社会における民主主義（デモクラシー）の原理とは、単に多数決で決めるという制度に止まるものではないように思われます。確かに現実の政治場面では、議会を構成する政党の議員の多数決をもって「決定」することが、「民主主義」に適合する（民主的）、とされています。あるいは「選挙で議員の多数を獲得したから民意（国民の意見）を反映している」とされる政治状況もあります。しかし必ずしも多数が「正しい」とは限らないわけですから、民主主義（デモクラシー）の原理とは、一人ひとりの国民が主権者としての自覚と責任をもって、政治に参画していくなかで、自分はどういう社会をつくっていきたいのか、という判断や行動の基準を、個々人

に問いかける規範性（価値判断の基準）を含んだものともいえるのです。

主権者を育て、民主主義（民主政治）を活性化させるためには？

　私たちが日常生活を送っているこの社会は、それぞれ価値観が異なっている個人個人の多様で複雑なつながりによって成り立っている集まりです。したがって民主主義（民主政治）とは、そうした異なった個人個人が、ある生活空間で一緒に生活をしていくためのルールなのだ、ともいえます。

　ですから、そのルールを実現するには、困難で時間がかかることなのです。なぜなら生き方が異なる「みんな」が納得する合意に、ただちに到達することは至難な技であるからです。しかし時間がかかって、まどろっこしいからといって、誰か独裁者にすべてをお任せしたり、少数派を排除して、強制的に同一意見にまとめあげていく、ということがもたらした歴史上の悲劇を、人類はたくさん経験してきました。

　今ある自分は、無数の人たちとのいろいろな関係性の網の中で形づくられているわけです。そうであるならば、政治のあり方を決定するのは自分だ、という主権者の自覚は、自分が選挙で投票したり、各種の集会やデモ（パレード）に参加して意思表明することで、他人に影響を与えるばかりでなく、他人からも影響を与えられたりしながら、自分の考えが深められていくことで、覚醒していくものです。

　でも仲間内で政治の話をするとドン引きされたりした経験がある人もいるでしょう。したがって民主主義の水準をよりバージョンアップさせて、少しでも社会を進歩させようとするならば、強制と排除をともなわないで、じっくりと熟議（討議）を重ねていくことがあらためて求められるわけです。

　そして熟議（討議）を豊かに発展させて、民主主義を活性化させるためのカギは、対話です。「対話」は「会話」とは異なり、まったく価値観や生き方を異にする「他人と交わす新たな情報交換や交流」のことで

す。他方「会話」とは、「すでに知り合った者同士の楽しいお喋り」のことです（平田オリザ『対話のレッスン』）。「対話」は、今日学校で実施されている「ディベート」や「グループ討論」などにもつながります。作家の高橋源一郎さんは、「体罰や『イジメ』で怖いのは、暴力（無言の暴力を含めて）そのものじゃなくて、そこには『対話』がないことだ」と述べています（『ぼくらの民主主義なんだぜ』）。

　自分と異なった意見を言う者や異議を唱える奴は許さない、懲らしめろ、といった考えは、人類の叡智によって到達した近代民主主義の原理に対して、まったくの無自覚であるといえます。

君こそ主権者だ！
　政治は「大人」から与えられたものとして、そのままにしておくのでは、未来に希望はありません。未来を生きていく若者が、おかしいと思ったら意見を表明し、一人でも動こうとしなければ、民主主義の「水準」をバージョンアップ（進歩）させることはできません。

　1989年に国連で採択された「子どもの権利条約」（日本は1994年批准）では、国（政府）は子どもに対して、「自由に自己の意見を表明する権利を保障しなければならない」（12条）と、権利の主体として、子どもの意見表明権を明記しています。したがって日本国憲法第13条の「個人の尊重」と「幸福追求権」は、その権利行使の主体が大人であれ、若者であれ、子どもであれ、たとえ多数決をもってしても、決して侵してはならないものなのです。

　このように18歳の若者が選挙権を獲得したということは、18歳の高校生は権利の主体であり、主権者の一員として、政治を動かしていく主人公である、と認知されたことでもあります。若者には主権者の自覚と責任をもって、国や社会のあり方を考え、変えていくためにも政治に積極的に参画していくことが、あらためて求められているわけです。

〔服部進治〕

第2章

知っておきたい選挙の実際

Q11 投票制度について教えてください

投票の実際

あなたが選挙権を得てはじめて投票をおこなうと、以下のような流れになります。図11-1を見ながら流れを追ってください。

① **自宅に投票所入場券が届く**：投票日は入場券がなくても投票できますが、証明書が必要となります。

② **投票日に投票所にでかける**：指定の投票所に行きます。用事がある場合、期日前投票・不在者投票ができます。2016年夏の参院選から住民登録をしている市町村内ならどの投票所でもできるようになる予定です。なお、入口にポスター掲示板があるので、もう一度候補者を確認できます。

③ **投票用紙を受け取る**：図11-1のように不正を防ぐため、投票管理者

図11-1 投票所はこうなっています

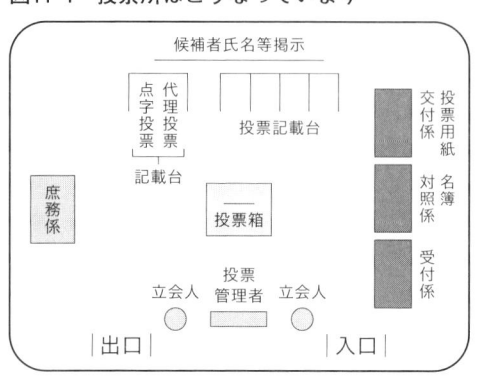

図11-2

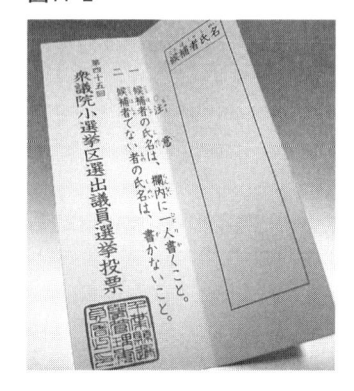

や立会人がいます。前者は選管によって有権者から選ばれ、投票者の確認や投票所の開閉や投票箱の閉鎖をおこないます。入場券を示すと、有権者名簿を確認して投票用紙が渡されます。有権者以外は原則入れませんでしたが、子連れでの投票を認めていく予定です。

④**投票用紙に記入する**（図11-2）：周りから見られないようになった記載台で書きます。そこにも候補者名や政党名が示されているので、確認しましょう。余計なことを書くと無効になります。

⑤**投票箱に入れる**：中が見えないように二つ折りにして入れます。用紙は、「ユポ紙」という自然に開く特殊な紙で、開票する際に用紙を開く作業を不要にします。なお、投票箱が空であることは、「零票確認」といって、投票所に一番乗りした有権者が、投票箱の中に何も入ってないということを確認させてもらえます。

⑥**投票を繰り返す**：衆院選は二回の投票と最高裁裁判官の国民審査があり、参議院も二回投票します。

投票率と棄権する理由

2014年12月の衆院選では全体の投票率が52.7％。これは合計4,900万人の有権者が棄権したということです。世代別投票率は60歳代が68.3％、70歳以上が59.5％なのに、20歳代は32.6％でした。棄権の理由は、「仕事があった」、「適当な候補者がいなかった」というものが上位を占め、その次に「政策や候補者の人物などについて、事情がよくわからなかった」が続きます。

投票率を上げるために義務投票制が議論されています。オーストラリアでは投票に行かない人に数千円の罰金を厳しく課します。そこまでしなくても投票は義務としている国もありますが、日本は権利として棄権が認められています。若者の立候補を増やして投票率を上げようと、被選挙権を選挙権と同様に引き下げるという提言もあります。

2013年に千葉市長が参院選の選挙啓発ポスターについて「『現状にご

不満のない方はどうぞ棄権下さい。こちらで全部決めておきますから』くらい言ってもいいのでは」とツイートしました。投票に行くことは、現状や自分の生活、そして日本の将来に責任を持つことといえそうです。

開票の流れと無効票

　閉鎖時刻（だいたい20時）に投票管理者によって投票所が閉じられて、開票作業となります（即日開票）。開票はより厳重さが必要とされるので、次のように細かく担当を分けて公正・厳密におこなわれます。なお、開票の様子は一般の人に公開されて参観人席があり、候補者（政党）からは開票立会人が出されます。

①**投票箱の送致**：投票箱と投票録などの書類が開票所に届けられて施錠が確認される。

②**開票開始の宣言**：3～10名の開票立会人がいるなかで、開票管理者がすべての投票箱があることを確認して開票の開始を告げる。

③**開票台での開票**：開票係がすべての投票箱を開けて、開票台の上に投票用紙を取り出して台の上で十分に混ぜる（混同）。開票管理者が投票箱から取り残しのないことも確認する。

④**票の分類と集計**：開票係が候補者（政党）ごとに分けて、点検係が一枚ずつ確認し、計算係が二度数えて得票を集計する。この時、疑問票や白票を抜き出す。

⑤**有効票の審査**：抜き出された票を審査係が有効か無効かを分け、開票立会人の意見を聞いて開票管理者が決定する。

⑥**得票の点検と確認**：候補者（政党）ごとに集積台に並べて、開票管理者と開票立会人がすべての得票を点検して、得票数を決定する。

⑦**開票録の作成**：開票管理者は、最後に再確認の上で開票録を作成する。

⑧**投票点検結果の報告**：開票録の写しを有権者から選ばれた選挙担当

事務をおこなう選挙長に送付し、選挙立会人の立会いのうえで選挙会にかけられて正式な当選人が決定される。
⑨点検済投票の封印：開票管理者は点検された投票用紙を有効・無効票に区別して封印し、選挙管理委員会に送付し任期期間中保管される。

公職選挙法は、投票用紙の記述内容から投票者がどの候補に投票しようとしたかの意思が明白ならば有効としています。しかし、せっかく投票した貴重な一票も、次のような投票は無効になってしまいます。買収された人が目印などをつけるのを防ぐ意味もあります。

---

①所定の用紙を使用しなかった。例）メモ用紙　②２人以上の氏名を書いた。例）日本太郎選挙花子　③候補者の氏名のほかに、それ以外のことを書いた。例）がんばれ日本太郎　④立候補していない人の名前を書いた。⑤誰の氏名か確認できない。⑥白紙投票、いたずら書き

有効票だけれども、誰に投票したのかわからない疑問票もあります。過去の判定基準にそって審査係が判定し開票管理者が決定しますが、後日裁判に持ち込まれることもあります。氏名自体を間違えるケースもあり、この判定は非常に複雑です。

また、得票数が同数になった場合には、当選者を「くじ引き」で決めます。2015年4月には、熊本市議選でくじ引きを実施しました。なお、開票が始まったとたんにテレビが「当選確実」を出します。もちろん選挙管理委員会は「当選確実」を出しませんし、出すのは「当選者」だけです。マスコミは投票所前で出口調査をしているので、そこから予測をたてて他社より早く「当選確実」を出したいのです。そのため、間違いも多いといえます。

〔水野　悟〕

Q12 一票の格差って何ですか？
選挙制度について教えてください

　国会は、衆議院と参議院で構成されていることは知っていると思います。同じ国会でも衆議院と参議院では、権限、役割、選挙方法、定数などが異なっています。たとえば、衆議院は法律案と予算の議決、条約の承認、内閣総理大臣の指名などで参議院より強い権限を持っています。これは衆議院に解散があり、国民の意向が議席に反映されるシステムになっているからです。もし、衆議院と参議院が同じ権限と役割を持っているならば、二つも必要ないという意見もあります。

　国会議員は国民各層のさまざまな要求をすくい上げ、政治に反映させることを仕事としています。国民各層の要求を政治に反映させるためには、国会議員の選出方法が重要で、民意を正確に反映させる選挙制度を用意する必要があります。

　選挙制度は衆議院が「小選挙区制」と「比例代表制」を、参議院が「選挙区選挙」と「比例代表制」を組み合わせています。選挙制度はわかりにくいかもしれませんが、選挙権を行使するときに重要ですから、しっかり理解しておくことが大切です。

衆議院の「小選挙区比例代表並立制」

　衆議院選挙は「小選挙区比例代表並立制」という制度をとっています。定数は475名で、小選挙区が295名、比例代表が180名です。「並立制」というのは、小選挙区と比例区とで一票ずつ、合計二票を投じるという意味です。

小選挙区は、一つの選挙区から一名が選ばれる選挙制度です。有権者は候補者のなかから支持する人の氏名を記入します。候補者が何人いても、得票数が最も多い人が一名だけ当選します。

　比例代表は全国を11のブロックに分けて、投票は政党名を記入します。ブロックごとの定数は、人口数に応じて決められています。たとえば、定数の最も少ない四国ブロック（四国4県）が6名で、最も多い近畿ブロック（近畿7府県から三重県を除く）が29名です。比例代表は得票数に応じて議席を割り振る制度で、当選議席は政党があらかじめ順位を付けた名簿の順番で決まります（拘束名簿式）。

　かりに開票の結果、四国ブロックではA党が55万票、B党が33万票、C党が25万票、D党が20万票、E党が15万票の得票だったとします。当選者はドント式といって、得票数を自然数で割っていき、商の大きい順に議席が決まります。まず、1で割るとA党が55万、B党は33万、C党は25万、D党は20万、E党は15万です。次に2で割ると、A党は27万5,000、B党は16万5,000、C党は12万5,000、D党は10万、E党は7万5,000です。3で割るとA党が18万3,333、B党が11万（以下省略）です。この結果、当選者はA党が3名、B党が1名、C党が1名、D党が1名で、E党は当選者なしになります。

　衆議院の「小選挙区比例代表制」では、重複立候補といって小選挙区と比例代表と同時に立候補できるため、小選挙区で落選しても、比例代表で当選（復活当選）することがあります。かりに、ある小選挙区でA党の候補者の佐藤さんが10万票で当選し、B党の候補者の鈴木さんが6万票で落選（惜敗率60％）したとします。別の小選挙区でB党の斉藤さんが7万票で落選し（惜敗率30％）、C党の山田さんが21万票で当選したとします。B党の比例代表の当選者を決めるとき、鈴木さんと斉藤さんの名簿順位が同じ場合は、惜敗率の高い鈴木さんが当選します。

※惜敗率：当選者の得票数に対する他の立候補者の得票数の割合

参議院の「選挙区選挙」と「比例代表制」

　参議院の定数は242名ですが、半数ずつ改選されるため、選挙の定数は121名です。内訳は選挙区選挙が73名で比例代表が48名になります。
　選挙区選挙は都道府県を単位に選挙がおこなわれます。定数は、都道府県の人口数に応じて配分され、東京都が最も多く5名、次いで大阪府と神奈川県が4名、埼玉県、千葉県、愛知県が3名です。2名の選挙区は北海道など10の選挙区で、1名の選挙区は鳥取県や沖縄県など31の選挙区です。現在は都道府県を単位にしていますが、2016年からは人口の少ない県同士を合わせて（合区して）、選挙がおこなわれることになりました。
　選挙区選挙の投票は、候補者の中から支持する人の氏名を記入します。当選者は定数1の選挙区では得票数の一番多い人に、定数2の選挙区では上位2名になります。
　比例代表は、衆議院の比例代表のようにブロック制を採用していません。全国で一つの選挙区です。投票は候補者名（個人票）を書いても、政党名（政党票）を書いても有効です。政党の総得票数は、政党名の得票数と候補者名の得票数を合わせた数になります。
　当選者は衆議院と同じようにドント式で決まります。しかし、政党の提出した名簿には衆議院の比例代表とは違い、順位をつける必要がありません（非拘束名簿式）。当選者は個人票の得票が多い人から決まります。

衆議院と参議院の「一票の格差」

　2014年12月の衆議院選挙の小選挙区は、有権者の最も少ない宮城5区が23万1,081人、一方、最も多い東京1区が49万2,015人でした。投票価値は、宮城5区が東京1区の2.13倍も重い選挙になりました。
　このときの衆議院小選挙区の「一票の格差」に対して、各地で裁判が起こりました。14の高裁・支部から出た17の判決は、「違憲状態」が12、「合憲」が4、「違憲」が1になっています。2015年11月に最高裁は「違憲状態」の判決を出しました。2014年12月の選挙が、なぜこのような「違

憲状態」になったかを説明してみます。

　2009年の衆議院小選挙区の「一票の格差」について、2011年3月、最高裁は「違憲状態」と判断しました。「違憲状態」とは、「是正するには一定の期間が必要で、まだその期間が過ぎていないから、憲法に違反する区割りであるが選挙実施そのものは有効だ」という決定です。この判断を受けて、2012年12月に是正法が成立し、小選挙区の定数を5つ減らす「0増5減」が決まりました。減らす5つの小選挙区をどこにするか、小選挙区の線引きをどのようにするかは、政府の衆議院選挙区画定審議会に委ねられました。この審議会の結果で2013年6月に法律が改正され見直しも続いて、十分な期間が過ぎていないとされたのです。

　「一票の格差」問題は、衆議院の小選挙区だけではありません。じつは参議院の方がもっとひどい格差になっています。

　2013年7月の参議院選挙区選挙では、議員一人あたりの有権者の最も多い北海道が約115万人、最も少ない鳥取県が約24万人でした。「一票の格差」は、4.77倍です。この選挙に関して、2014年11月26日、最高裁判所は「違憲状態」と判断しました。最高裁は2012年に、格差が最大5.00倍だった2010年の選挙区選挙も「違憲状態」と判断し、都道府県単位の区割りを改めるように促しています。最高裁は、鳥取県と隣接する県を合わせて、選挙区選挙をおこなえと判断したことになります。

　「一票の格差」問題は、もう40年以上も前から問題になっています。1972年12月におこなわれた衆院の選挙は「一票の格差」が4.99倍で、4年後の4月に最高裁は違憲判決を出しています。2015年までに最高裁は、衆議院選挙には違憲判決を2つ、違憲状態判決を5つ、参議院選挙には違憲状態判決を3つ出しています。

　政治は法律に基づいておこなわれ、法律は国会で制定されます。この権限は、国会議員が国民から正当な選挙方法によって選ばれて、はじめて与えられるものです。「一票の格差」の是正は、国会に突きつけられた民主主義の根幹にかかわる重要な課題といえます。　〔菅澤康雄〕

Q13 投票率を上げるために何ができますか？

「公職選挙法」とは

みなさんは中学、高校では生徒会役員選挙などを経験していると思います。生徒会役員の選出方法やアピール方法などはそれぞれの学校のルールに基づいて実施されていることでしょう。公職にある者（衆議院議員、参議院議員並びに地方公共団体＝都道府県・市町村の議会の議員及び首長）の選挙に関しては、「公職選挙法」という法律によってルールが決められています。

有権者は候補者の政策や人柄を知ることによって、誰に一票を投じるのかを決めることになります。一方、候補者や候補者を応援している市民にとって、当選させるために有権者に働きかける選挙運動（特定の選挙で、特定の候補者が投票を得て当選することを目的として、直接的・間接的におこなわれる行為）が最も大切なものとなります。選挙運動は誰でも自由におこなえるといいのですが、お金のある候補者が有利になる可能性があり、公正な選挙ができなくなります。そこで、選挙運動の公正や候補者の負担の軽減のために、様々な規制を設けています。そのかわり、国や地方公共団体が掲示板や政見放送など選挙運動の費用を負担しています。この制度を「選挙公営」といいます。

選挙運動は制限ばかり

日本の選挙運動は規制が多く、候補者・選挙運動員だけでなく、一般の支持者が手軽に選挙運動にかかわりにくい現状があります。

①短い選挙運動期間

　選挙運動ができる期間は立候補を届け出た日から投票日の前日までです。立候補を届け出る前におこなう選挙運動は事前運動として禁止されています。しかし、立候補の届け出前の立候補の準備行為や政策の宣伝などの政治活動（選挙運動の行為以外の、政治的な目的でおこなわれるすべての活動）は原則許されています。ほとんどの候補者が事実上名前を宣伝しているのは、「政治活動」を名目にするためです。

　選挙運動の期間は衆議院選挙12日間、参議院選挙17日間です。公職選挙法の制定時、衆参両院選挙の選挙期間は30日間でしたが、選挙費用を減らすことや交通機関の発達、衆院選の選挙区が県単位の参院選より狭いという理由などで短くされました。この短い期間に、候補者の人物・政策を知ることは難しいという声もあります。

②選挙運動用の文書配付、演説会の規制

　選挙運動は、選挙カーの連呼、ポスターの掲示、ビラの配布、街頭演説、個人演説会などによっておこなわれます。選挙の種類によって、その方法や数量などが細かく規制されています。立候補すると選挙運動用葉書が支給されて、その記載内容に制限はありませんが、郵便局の窓口に差し出す必要があります。この葉書以外に葉書や封書を送付することはできません。印刷代は自己負担ですが、郵便料金は無料です。選挙運動ビラも枚数の制限があり、配布できるビラの種類も大きさも決まっていて、選挙管理委員会（選挙の事務を管理する機関）が交付する証紙を貼らなければなりません。また、個人演説会は選挙期間中に候補者が主催するものしか開くことができません。選挙期間中こそ、市民団体主催の候補者討論会で各候補者の人柄や政策を知り投票の判断材料にしたいものですが、第三者が開催できないので、候補者が集まった合同演説会の形でしか開けないのです。

③戸別訪問の禁止

　候補者、選挙運動員や応援している後援会の人たちだけではなく、支持

している人であっても、有権者の家などを訪ねて投票を依頼する戸別訪問は、買収によって選挙の公正を害するという理由で禁止されています。

④立候補する際に必要な高額な「供託金」

公費（「選挙公営」）だけで選挙ができるのかといえばそうではありません。立候補するには「供託金」が必要となります。なんと、衆議院小選挙区で300万円、衆議院比例区は600万円が必要なのです。興味本位や売名行為の立候補を防ごうというものですが、高額な供託金と供託金の没収（候補者の得票が有効投票総数に対して一定票に達しない場合）は、立候補する権利を奪っているのではないかという声もあります。

裏のマニュアル

候補者、選挙運動員や応援している後援会の人たちは、「何が許される活動なのか、何が許されない活動なのか」について困惑しています。その原因は選挙運動の規制にグレーゾーンが多いからです。それを逆手に取った裏技があります。たとえば、不特定の家を訪問する「戸別訪問」は禁止ですが、「特定の支持者を回る」ことは「個別訪問」と呼ばれおこなえます。投票を依頼すると、「戸別訪問」になりますので、「何か言いたいことはありませんか」と聞くそうです。また、選挙用ポスターは選挙期間中以外に貼ることができませんが、政党等の広報ビラであれば許されます。ポスターに選挙関連の内容を書けませんが、選挙期間前に事実上の「選挙用ポスター」が張り出されていますね。なお、欧米の選挙運動は、文書配布・掲示に関しては、フランス以外のアメリカ、イギリス、ドイツは規制なし、戸別訪問についてはアメリカ、イギリス、ドイツ、フランスとも規制なしとなっています。

投票率を上げるために

投票率を上げるには若者に候補者や政党のことを知ってもらうことが必要となります。議員の事務所や行政機関において政策の立案過程に多

くの若者に参加してもらうこと、議員と若者の双方向の議論を居酒屋などで気軽に話せるイベントやキャンペーンをおこなうこと、「政治家動画」の配信、公開討論会の実施などもNPO法人や学生団体によっておこなわれるようになっています。また、啓発活動の企画・立案を選挙管理委員会と大学生がいっしょにおこなっている例もあります。

インターネット選挙の解禁（2013年）を契機に「選挙運動の規制の在り方を検討する」付帯決議が衆参両院で採択されました。選挙運動の様々な規制を見直すことで、候補者と有権者の活発な双方向の対話がおこなわれ、若者が候補者の政策や人柄を知る機会につながるのではないでしょうか。

次に若者が投票しやすい環境づくりに、期日前投票（投票日に仕事や旅行などの用事がある有権者が選挙人名簿に登録されている市区町村でおこなう）の工夫があります。松山市では、松山大学に期日前票所を設置し、投票所を学生食堂側に移したり、学生食堂のテーブルに手作り卓上ポップを置き、その中に選挙公報を入れるなどの工夫をしました。この結果、松山市では、他の世代の投票率が下がるなかで、20代前半の投票率が2010年参議院選の26.52％から2013年参議院選の29.24％へと上がりました。また、埼玉県では期日前投票所を駅構内や周辺施設に設ける努力を続けており、期日前投票をする有権者が増えているとのことです。「投票所を駅やコンビニなどに設置する」だけではく、「期日前投票の場所をさらに増やし、時間を延長する」なども考えられます。また、指定された投票所でしか投票できないという考え方自体を見直すことも考えられます。たとえば、自宅で投票する「ネット投票」や身体障害者手帳の所持者など一部にしか認められていない「郵便投票制度」（選挙管理委員会に申請すれば、郵便で投票ができる）を一般に有権者に拡げていくこと、過疎地対策としてのバスなどを利用した「移動投票所」の設置なども考えられます。より多くの工夫と自由な活動によって投票率が上がることを期待したいものです。　　　　　　　　〔福田秀志〕

Q14 投票先をどう選ぶのですか？

支持政党を持たない人たちが増えて投票率が低下

　70年ぶりの公職選挙法改訂によって高校3年生の選挙参加が始まるのを機に、選挙へのあり方や取り組み方を大人も含めて考え直す機会になれば、日本の民主主義がリフレッシュされます。ここでは、どうやって投票する政党や政治家を選ぶかを考えてみましょう。

　衆議院と参議院の選挙を比べると、ほとんど衆議院の方が高い投票率になっています。参議院は県単位の選挙区が多いのに対して、衆議院は、選挙区定員が3～5名の中選挙区でも、現在（1996年以降）の1名の小選挙区でも、選挙区がより小さくて立候補者と接する機会の多いことが一つの理由と考えられます。また、価値観の明確な人は支持政党があって確実に投票に行きます。しかし、90年代後半以降、現在の小選挙区比例代表並立制となり、同じ選挙区では政党候補者が一人になってから投票率が70％を割るようになりました。そして、ついに2014年12月の衆院選挙では53％を切ってしまいました。争点の有無が関係していますが、理由の一つに支持政党のない「無党派層」の人たちが増えたことがあります。ここでは、若者の多くが「無党派層」だと仮定して、そうした場合の政党・政治家選びの方法を考えます。

「正しい」政治の意思決定、党首の第一声

　実は正しい選び方がありません。選挙がどんな情勢でおこなわれるか、日本がどんな状態にあるか、そして投票者が選挙結果にどんな影響

を与えたいと考えているかでも変わります。だから、その時の状況と投票者の気持ちにとって最適な選び方が正しい意思決定なのです。

一つの選び方は、政党のトップである党首が国のリーダーとしてふさわしいかどうかです。どんな人が良いリーダーかは情勢や投票者の価値観で違います。多くの意見を調整して上手にまとめる人か、状況を建て直すために抵抗勢力に負けず改革を進める人かなどです。リーダーの信条でも選べます。少数派の人々への共感が強い人や、エネルギー問題の解決に信念を持って取り組む人など、どこかで共感を持てる党首であれば選んでいいでしょう。信条や政策がいいけれど人となりが不安だという場合もあり、最後には総合的な判断が必要となります。

では、リーダーの人となりや信条をどう見いだすのでしょうか。日頃ニュースで党首の活動を見ていてほしいですが、そこまで熱心でない人が大半でしょう。その場合は党首の第一声が判断機会としてベストです。選挙運動が正式に始まる日（公示日）には、必ず党首が場所を選んで重要な演説をおこないます。これが、夕刊に全政党の「党首の公示日第一声」として報道されます。時間の限られるなか、党首として最も強調したいことを話すので、人となりや信条がはっきり出ます。全政党分が一斉に掲載されて比較もしやすいです。記者によって要約が違いますので、ネットで多くの新聞記事を比べると正確に演説内容を調べられます。

自分の考えにあった選挙公約の政党を選ぶ／ボートマッチ

もう一つは、政党の考え方・政策によって選ぶ方法です。まず、マニフェストといわれる選挙時の公約などを見て、重視する分野の政策が投票者の願いや気持ちと合っているかで選びます。これができるには、たとえば景気対策が重要なのか消費税の方が重要なのか、平和を維持する外交路線が重要なのか憲法改正の方が重要なのか、重視する分野が明確でなければなりません。さらに詳しい政策、景気対策であれば大企業に影響する策か、中小企業や若者の雇用改善のような策なのかを選ぶ必要

があります。しかし、マニフェストそのものを読んで考えるのは正直なかなか難しいです。

　消費税を上げるのか、維持したり廃止したりの方がいいのかのように、争点となっていろいろと論争されている政策もあれば、違いのよくわからない政策もあります。たとえば、2014年末の衆院選で雇用分野の政策で次の三つがあったのですが、それらの違いがわかりますか。「多様な働き方で皆が活躍できる社会」「働く者の立場に立ち、雇用の質を高める」「同一労働同一賃金」です。なかなか難しいですね。日頃から問題意識をもって勉強しておかねばなりません。

　図14-1のような各党ごとに政策の立場をまとめた表が新聞に出ますので、こうした違いの一覧を参考にして決めたいものです。しかし本当は、各政党が前の選挙でどんな主張をしていたのかも考えて判断する必要があります。選挙とその後の動きをずっと観察し続けると、政党ごとのあり方がしっかり見えてきますので、どの程度真剣に政策を考えているのかまで判断できるからです。

　これを重視したい、ぜひ望むという分野や具体策がなければ、さまざまな政策について「はい、いいえ」で評価して、得点のようなものをつけるしかないです。そのやり方が「ボートマッチ」です。質問に答えていくと、どの政党と考え方が最も近いかを教えてくれるサイトがありま

図14-1　主な論点に関する各党の立場　太字は与党

成長戦略	農業・医療など岩盤規制を打破	**自民　公明**　維新　次世代　改革
	子育て支援などによる所得増で消費拡大	民主　生活　共産　社民
雇用	多様な働き方を認め、雇用を拡大	**自民　公明**　改革
	労働市場の流動化と同一労働・同一賃金	維新　次世代
	派遣法改正など労働規制緩和に反対	民主　生活　共産　社民
消費再増税	2017年4月に10％へ。軽減税率を導入	**自民　公明**
	期限を決めずに延期	民主　維新　次世代　生活　改革
	中止・税率引き下げ	共産　社民

す。2014年末では、毎日新聞社の毎日ボートマッチ「えらぽーと」や、Yahoo! JAPANの「マニフェストマッチ」などがありました。ただ、これは合致する比率が出るだけなので、比率が高いだけで選んでよいのかという問題があります。これを参考にして、最後にしっかり考え直さねばなりません。

選挙の結果が与える効果を考えて政党を選ぶ

　まだ他の方法もあります。選挙結果によって生まれる政治的な影響に、何を期待するかで決める方法です。支持してきた政党があるけれども、最近の活動が気に入らなかったり新しいリーダーが期待外れだったりする場合です。変化を期待してちょっと投票先を変えることです。ベテランばかりになって活動がマンネリになっていたり、ずっと野党だったので反対するばかりで建設的な政策がなかったりする場合です。若い候補者や女性の多い政党を選んだり、是々非々を主張する政党を選んだりできます。同じ与党や野党のなかで別な党を選ぶ方法もあります。

　特に、選挙で得られる一番大きな変化は政権交代です。1995年の選挙制度改革で小選挙区の定員が衆議院の定数の6割以上となり、2014年では小選挙区295人と比例代表180人なので、小選挙区で第一党となればより多くの議席が得られます。小選挙区制は、第一党が政党の得票率よりはるかに多い議席を得る点で問題があるものの、大変化が起こって議席の過半数をとれるので野党による政権交代が起こりやすいのです。2009年の民主党による政権交代は失敗だったとされることが多いですが、こうした大変化で政治のあり方が変わった部分が多々あります。そうしたことを狙っての投票もいつかまたありえるでしょう。ポスターやTV放映のイメージだけで決めずに、じっくり考えて投票先を選び、選挙が終った後も、投票した政党がどう活動しているかをしっかり評価する経験を重ねてほしいものです。

〔杉浦正和〕

Q15 投票で何が変わるのですか？

ある日の教室で教師と生徒の会話（18歳投票権で何が起こる？）

生徒 「先生！　わたし一人が投票に参加して社会が変わるのでしょうか？」

先生 「たしかに、先生も大学生だったころ選挙に参加して何が変化したか……選挙結果で政権がひっくり返るような大きな変化は生まれなかった。しかし、よくよく考えてみると、それは、一番に『自分自身の変化』であったと思うな。霞が関に関心を持ち、集会にも顔を出した。その結果、新聞を読み、国際ニュースにも関心を持った、いわば『目覚めた若者』になった。70年代はそういう学生がいっぱいいたんだな。その流れで大都市で革新候補がたくさん当選し、革新都政も誕生した」

生徒 「でも実際、わたしも投票は面倒だし、マンガでも読んでた方が楽しいし。社会に不満足感がないのかなあ。政治に要求するものがない」

先生 「もう何十年も文科省はじめ国は、意識して青年から政治を遠ざける教育をしてきたよ。ある意味で、国も学校も政治的な若者を恐れているんだと先生は思うな。しかし、最近のニュースだけ見ても、台湾の学生が中国との貿易協定の強行採決に反対して1ヵ月近く議会の議場を占拠したり、香港の学生も行政長官に自由に立候補できない選挙法に反対して雨傘を持って2ヵ月道路を占拠したり、イギリスでは『学費3倍値上げ』に反対行動を起こす学生運動がマスコミでも報じられている。これが世界標準だ」

生徒 「あっそうなんだ。日本の若者も社会とのつながりという意味で、

若者らしい意見が教室で取り上げられ学習すべきかな。そんな18歳投票権になるのかなあ」

先生　「ひとは成長すれば自然と社会とのつながりや政治を意識するようになるのだけど……。現代の過保護な周囲の大人たちが、それを避けさせている（外国と違うので、『政治教育鎖国』だという意見もある）。おとなしい学校、意見を闘わせなくなった先生、そうした「学校文化」が形成されてきた。大人が進める方向が一番で、その未来が幸せであり、『あなたのためよ』そんなメッセージに聞こえるんだ」

生徒　「先生に教えてもらった『青年期は、真の自由な探求の時代』ですね。そうそう、昨日のTVのインタビューで、18歳投票権が成立して政治の運動・活動が活発になると、『勉強に差し支える』って答えていた女子大学生がいました。高校生でなく大学生ですよ！」

先生　「それ、先生も見たよ。残念というか、ちょっと心外だったな」

生徒　「親の資金で暮らしているニートの若者も、政治的にはキラキラしてないですよね」

先生　「『大人びてキラキラ輝く青年』は、今や20代後半ぐらいになれば時々お目にかかれるが、現役高校生のなかにはあまりにも少ない。従順な生徒が多すぎる気がするよ。その彼らがまさに多数派だね」

生徒　「今度その多数派高校3年生たちが投票に行くんだから……。学校教育の現場は大変な時代を迎えるのかな」

先生　「そうなんだけど、プラスに考えてほしいな。長年、学校は政治を遠ざける教育をしてきた。生徒指導はじめ、HRでも生徒会でも、『お前たちの将来に得にはならないぞ』そんな学校文化が続いてきた。しかし、18歳選挙権は『勉強のじゃまよ』と周りの大人たちはもう言えなくなるよ。主権者教育がいわば『必修』なんだから！　その体験と学習結果として、若者のアイデンティティ（過去の認識と未来の方向＝自我同一）が確立してくれればいいわけなんだよ。自ら意見を表明し、現代の社会に関心を持って、国政や地方の選挙で投票し、政治活動やボラン

ティアに参加し関わる、『キラキラ輝く若者』になるチャンスが増えるんだ」

生徒　「少し理想のような話だけど、どんどん意見や行動をカクサンすべき時代に来たと思う。でも、これから実施されるだろうインターネット選挙などは、投票率は上がるけど、たとえばSNSなどの書き込みが18歳の誕生日を境に不可と可に分かれるなどの多様な問題を含んでいるので、生徒自らが進んで政治教育を学ぶことが必要ですね」

先生　「ほんとうにそうだね。いいかい、大事なことは、現在の小選挙区比例代表並立制は、少ない割合で多数の議席を占有できることなんだ。4割の得票で7割以上の議席を得ることができる。支持政党なしのいわゆる青年の浮動票が大勢を決めるといっても言い過ぎじゃない」

生徒　「多くの若者が投票に行けば、政治が動くということですか？」

先生　「そうなんだ、多くの国民は悪政を見逃がしてはいない。政権交代も十分可能なんだ。若者がもっと投票すれば、大きなうねりになるに違いない。しかも、高校生となると、これも大きな意味を持つ。ニートの諸君も変わるよ。きっと」

生徒　「どう違うのですか？　わたし的には、高校生の要求が即いまの政治には関係していないように思うのだけど……」

先生　「高校生は大人に比べて純粋だから理解さえすればすぐにも行動にでるわけで、候補者たちは意識的に高校生に目を向けないといけなくなる。先生が授業で『政治の時代』であると言ったのも、いい意味で、投票という権利を持った『考える高校生を育てなきゃいかん』という意味さ。若年貧困問題、現役卒業の優先就職などなど。即自分に関連する問題を投票に活かせるんだよ」

生徒　「そうか、モラトリアム（猶予）されている場合じゃないわけですね」

先生　「そう、社会科の授業もよりいっそう大切だ。インターネットを含むメディアの監視（リテラシー＝活用能力）もだね」

生徒　「思考、意見、参加、ああ違った。(選挙に)参加し、そして思考、そして、次に意見ですね。これで学習して自己変革……自主自立」
先生　「合格だ！　年寄りと一緒に未来を考えよう。もちろん理性で考え、温故知新だよ」

青年期のアイデンティティ確立のためにも、「投票に行こう」

　各政党のマニフェストを読み、投票しようではありませんか。今日の低投票率は、政治不信を拡大させています。大人たちの議論もかみ合いません。大人の論理と手法（常識）を、若者たちは誰より納得できないはずです。不思議にみえるでしょう。若者は「政治家の言葉がウソっぽい」と言います。

　『投票』という経験（学び）を、教室に、学校に、生徒会に持ち込み、学校をまさしく『民主主義の学びの場』にしようではありませんか。選挙の前には放課後の模擬投票、そして、文化祭では現代政治のディベート発表会をやろう。そんな企画には先生も参加したい。もし、こういった行動を押さえつけたりして処分するようなことがあれば、はっきり言ってやってほしい、「それなら、18歳の青年に投票権を与えるなよ！」って。一方で、学校で「学ぶ主権者」としての市民活動を展開したものは、立派な主権者として表彰するぐらいのおおらかさがあってほしい。「進学に就職に有利です！」ぐらいに扱ってほしいものだ。

　香港の学生に日本のTVがインタビューしました。「このような政治活動すると、就職に影響は出ないですか？」と。その学生は、「私たちの運動を香港の市民みんなが支持してくれています。全く関係ありません。どうして不利になるのでしょうか？」と胸を張って答えていました。日本社会も早くこうなるべきですね。

〔北川淳一〕

Q16 高校生が選挙運動をしてもいいですか？

同級生でも選挙運動をできる人とできない人がいる

　選挙運動とは、「特定の選挙について、特定の候補者の当選を目的として、投票を得又は得させるために直接又は間接に必要かつ有利な行為」のこと（総務省HPより）。つまり、当選させたい候補者について「○○さんの主張を知って」「投票して」等と応援する行為のことで、それができる期間や方法が公職選挙法で定められています。今回の法改正まで未成年者の選挙運動は禁止されていたため、2013年にネット選挙（インターネットによる選挙運動。ネットによる投票ではない）が解禁された時には、「インターネットでも現実の世界でも、未成年の方は選挙運動はできません！」「リツイートもダメ」との総務省からの呼びかけが話題になりました。

　しかし、今回の選挙権年齢引き下げで、18歳以上の選挙運動が認められるようになりました。自分で選挙運動のメッセー

図16-1

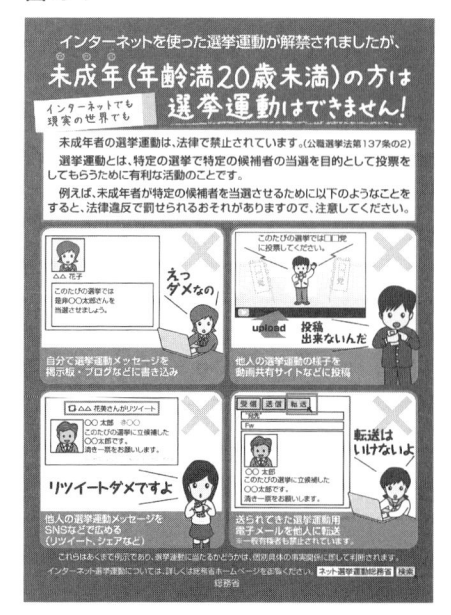

総務省HP内未成年者向けチラシより

ジをブログに書いたり、他人のメッセージをSNSなどで広めることもできます。ところが同じ高校３年生でも、17歳が同じことをすると公職選挙法違反になる恐れがあります。17歳以下の人にとっては、これまでもこれからも選挙運動ができない状況に変わりはないのですが、誕生日の早い同級生はできるようになるために、これまでにはない選挙違反が起きる可能性があるのです。

18歳になっても、自分が選挙運動をするなど考えられないと思う人もいるでしょう。でも、好きなアーティストが立候補したら、ファンとして、その人のTwitterをフォローしリツイートすることも、友人に投票を呼びかけることもあるのでは。そしてあなたのLINEには、17歳以下の友人もいるかもしれません。その友人があなたの推す候補者を応援するコメントを発信したら、「18歳未満の者の選挙運動の禁止」に違反すると、１年以下の禁錮または30万円以下の罰金が科される可能性があります。

2016年７月に18歳以上であるあなたが、選挙で自分の権利をしっかり行使できるように、2016年７月に18歳未満のあなたが、意図せず法律に違反してしまうことがないように、まずはそれぞれができること、できないことを理解してもらいたいと思います。

2016年７月に18歳以上であるあなたへ

学校で2016年度中に18歳になる高校２年生に「候補者や政党の情報を何で入手するか」と尋ねたところ、100％の生徒が「ネット」をあげました。そこで、ネットでの選挙運動を中心にルールを確認していきます。

ネット選挙で注意が必要なのは、ウェブサイト等（ホームページ、ブログ、Facebook・Twitter・LINE等のSNS、YouTubeやニコニコ動画等の動画共有サービス、動画中継サイト等）を利用した選挙運動は可能なのに対し、候補者・政党以外は、電子メールを用いた選挙運動ができないことです。具体的には、応援する候補者の街頭演説を動画で配信したり、LINEやTwitterで応援メッセージを発信することはできますが、

同じことを電子メールでおこなうと違反になります。候補者・政党から送られてきた選挙運動用メールを自分のブログで紹介することはできても、他人にメールで転送することはできません。これは、ネット選挙解禁時に、メールの密室性や悪質な誹謗中傷がおこりやすいこと、コンピュータウィルスの感染等が問題視されたことに理由があるようです。

　また、選挙運動をおこなえる「選挙運動期間」とは、選挙の公示または告示日から投開票日前日までのため、候補者が前日の夜中ぎりぎりに投稿した「最後のお願い」を、投票日当日にリツイートすると選挙違反となる可能性があります。同様に、投票日に「○○に投票してきた」などと投稿することも、特定の候補者への投票を促すものとみなされれば選挙違反になる恐れもあります。

処罰は成人と同じ

　有権者に仲間入りするあなたに、もうひとつ留意してほしいことがあります。それは、連座制の対象となる重大な選挙違反をすると、未成年であっても少年扱いがされず、起訴され大人と同じ公開の刑事裁判で重い罰を科される可能性があるということです。連座制とは、候補者の親族や特定の関係者が買収など悪質な選挙違反で有罪になった場合、候補者本人の当選も無効とされる制度ですが、同じ有権者でも成人と未成年とで差があると未成年者を悪用する選挙違反がおこなわれることも考えられ、少年法の特例が設けられました。たとえば、あなたの家族が立候補したとして、投票を求め同級生にハンバーガーやケーキをおごることは、れっきとした買収罪にあたります（もらう側も罪に問われます）。権利にはその分責任、重さがともなうのです。その重さには、投票したくてもできない18歳未満の人の気持ちも含まれるのではないでしょうか。

2016年7月に18歳未満であるあなたへ

　ウェブサイトであるかメールであるかを問わず、一切の選挙運動が認

められません。「首相が○○で演説をしている」「○○候補者を駅前で見た」とツイートすることも選挙運動とみなされる可能性があります。候補者の演説をスマホで録画し、18歳以上の友人が投稿するのは問題ありませんが、あなたが投稿すると公選法違反となります。LINEでのやりとりで18歳以上の友人が特定の候補者を応援するメッセージを流しても、あなたがそれに同調すると選挙違反になってしまいます。なんだか窮屈ですね。前述の高校2年生の生徒達の中には、「同学年で選挙権がある人とない人がいるのはおかしい」「もう少し早く生まれたかった」「将来、国を背負っていく少年に選挙権がないのはおかしい。選挙に行かない大人と行きたい少年だったら、後者を選ぶべきではないか」と言っている人もいます。その悔しさを未来の一票にはもちろん、普段から政治について考え議論しあうことにつなげてもらいたいと願います。

政治「18禁」!?

いろいろと細かいルールを述べましたが、あなたがたとえ何歳でも、政治について語るのは自由です。選挙権がなくても、だからこそ、子どものこと、これからの社会のこともきちんと考えてと有権者に求める必要があるでしょう。そのためにも、現在のルールでは何がアウトで何がセーフなのかを知っておく必要があります。

選挙について語りたい時だけ、LINEグループから18歳未満の人を除くことは現実的には不可能でしょう。18歳以上の人に配慮しろということも、18歳未満の人に選挙運動にあたるメッセージだけスルーしろということも、難しいように感じます。どうすれば高校生の選挙違反を防げるだろうと考えていたら、ある人が「メッセージを送る時に、『あなたは18歳以上ですか』という年齢確認がされるような設定をプロバイダーやサイト運営者がすればいいのでは。でもそれではまるで『18禁』ですね」と言っていました。まさしくその通りだと思います。この「18禁」の状況についても、もっと議論しあっていいのだと思います。〔井田佐恵子〕

Q17 政治参加の方法について教えてください

選挙の前も後も、主権者はわたしたちだ

憲法前文に「国政は国民の厳粛な信託によるもの」であり「その権威は国民に由来」するとあります。主権在民の民主主義国では、国家権力は国民の"信託"にもとづいて行使されます。参政権は全ての国民の基本的人権であり、議会における代表者を選ぶ選挙権は、その重要な一つです。選挙権は参政権の全てではありません。

フランスの社会思想家ルソーは、「イギリス人は、自由だとおもっているが、それは大間違いである。彼らが自由なのは、議員を選挙する間だけで、議員が選ばれるや否や、イギリス人は奴隷となり、無に帰してしまう」(『社会契約論』)と、批判しています。有権者は、選挙を通じてよく考えて投票で自分たちの代表者である議員を選びます。その後、有権者が議員を監視していなければ、議員が国民の意思や幸福に反した権力行使をする危険性がつねにあります。そもそも、議員は有権者みんなの代表者であって、その議員を支持した人など一部の住民の代表者ではありません。ところが、選挙が終わって議員になったら選挙公約を忘れて、一部の人の利益や私利私欲のために権力を使う人も生じます。

わたしたちが政治家をほんとうの代表者に育てる

国政でも地方の政治でも国民の参政権は選挙で終わるものではありません。選挙はスタートあるいは節目でしかありません。選挙後に、私たちの代表者である議員が国民の意思を政治にきちんと反映できるよう

に、議員に要求を届け、議員としての活動報告を受け、懇談するなど、さまざまな働きかけが大切です。当選後の議員の活動をしっかりと見て、その活動をチェックします。公約実現に熱心に取り組み、有権者に情報を提供し、みんなの利益のために活動する議員には応援を強め、政治家を育てることが必要です。逆に、公約を裏切ったり、議員の特権を不正利用するようなことがあれば、次の選挙で落選させましょう。このように、選挙と選挙までの間に、議員の育成・監視をしっかりおこなうことが、国民の代表者を育て、政治に積極的に参加するという広い意味での参政権の行使となります。「議員におまかせ」では、ルソーの批判のように権力の"奴隷"になってしまいます。

わたしたちの代表をわたしたちの手でつくりだす

選挙権は被選挙権と一体です。「立候補」があって、はじめてわたしたちはふさわしい代表者を選ぶことができます。立候補者が少なく、定数内であれば選挙なしで全員当選となります。「ゼロ票議員」などと呼ばれますが、有権者の審判をへて、「厳粛な信託」を得ないまま国民の代表者とされるのです。信託にたる代表者を得るには、立候補の段階からの取り組みが必要です。「議員になってほしい人」が立候補できるように仲間で応援すること、自分自身が立候補すること。特に、今の日本では若者や女性の議員が少なく、その声が反映されにくいといわれています。さまざまな要求や願いを持ち寄って、そのなかから候補者をつくりだしていく。被選挙権の行使があって、わたしたちの選挙権は生きてきます。

むろん、すべての議員に自分たちの要求を届け、若者の声を代弁してくれる議員を見つけ出し、増やしていくことも大切です。仲間といっしょに議員に手紙を出したり、見解を聞いたり、懇談したりする機会をつくることができます。この仲間の輪が広がれば、かならず大きな力になって、わたしたちの代表者をつくることができます。

だれでもできる請願。請願でいかなる不利益も受けない

憲法16条には「何人も、…請願する権利を有し」そのことで「いかなる差別待遇も受けない」とあります。具体的な手続きは請願法に定められています。請願は、請願者の氏名・住所を記載した文書で（2条）、請願事項を所管する官公署に提出（3条）、官公署において受理し誠実に処理（5条）、請願をしたためにいかなる差別待遇も受けない（6条）と、定められています。

たとえば、わたしたちが「市の公園にスポーツ施設をつくってほしい」という要望を出すことを考えてみましょう。「何人も」ですから、未成年でも他市の住民でも氏名住所を明記すれば、関係する官公署（この場合は市長）に請願することができます。しかし予算がともないますから、請願だけではスポーツ施設が簡単に実現するとは思えません。施設の必要を理解し、市民のために市長に実現をせまる議員がいて味方してくれると力強いです。多くの市議に面談を申し入れ、話し合いを重ねて、わたしたちの願いを理解し、紹介者になったり議会で代弁してくれる議員を見つけるならば、請願活動が進みます。このような具体的な要求や課題にもとづく活動も、参政権の行使であり、わたしたちの代表者をつくりだす道です。

要求実現へ、わたしたちにできることはたくさんある

政治への参加は、まず実際におこなわれている政治について知ることです。何を、どう知ればいいのでしょうか。仲間や地域で困っていることや日常の生活で気づくことがあるはずです。その具体的な事情や問題点を出し合い、整理し、関係の官公署に対して「情報公開」を求めたり、議会、審議会、説明会、公聴会などを傍聴できます。審議会委員や意見陳述人が公募されることがありますから、それに申し込んで自分たちの意見を言う方法もあります。「子ども議会」や「青年フォーラム」など、未成年の意見を積極的に聞こうという場もありますから、上手に活用し

ましょう。関係する官公署の担当者や専門家を招いて、講演会やミーティングをおこなう方法もあります。そうした行政への働きかけやアプローチが、官公署や議会と市民をつなぎ、みんなの要求を実現したり地域の課題に目を向けさせることになります。

参政権は、政治への働きかけだけではありません。世論への訴えかけも大切です。みんなの声が広がれば、政治が動いていくからです。自分たちの意見を、ポスターで掲示したりチラシにして多くの人に手渡したり、意見を交換する集会を開くこともできます。また、新聞などに投稿したり、情報通信機器を使って多くの人に訴えることもできます。仲間でグループを作って、集会やデモ（パレード）をして訴えることも有効です。これらの方法は、すべて憲法21条の「表現の自由」として保障されています。

選挙は、代表者に「全権委任」あるいは「白紙委任」するものではありません。代議制民主主義では、選挙と選挙の間においても、政治に自分たちの意見や要求を反映させる参政権の行使が大切です。

請求権の行使で裁判に訴える道もある

日本は三権分立という政治制度を採用していますから、政治権力には立法、行政だけでなく司法もあります。立法や行政の権力行使によって不利益をこうむった場合には、問題を裁判に訴え出ることができます。裁判を受ける権利の中でも、国家賠償請求権といわれる権利です。「何人も、公務員の不法行為により、損害を受けたときは…国又は公共団体に、その賠償を求めることができる」（憲法17条）とあり、国民が政治に対して裁判に訴えることができます。政治の不法な行為や不作為（やるべきことをしない）など、裁判を通じて問題を明らかにし、正す運動です。選挙における一票の格差を正すための訴訟はよく知られています。裁判所を活用し、その判断を求めるのも、広い意味で、政治への参加の方法です。

〔吉田　豊〕

Q18 国民投票や住民投票はどのようなものですか？

18歳選挙権で国民投票や住民投票もできるの？

　70年ぶりに、選挙権が18歳以上に……。2015年6月17日に改正公職選挙法が成立しました。施行日は1年後。2016年夏の参議院選挙には、自分も「新たな有権者」という人もいるでしょう。投票といえば、国民投票や国民審査、住民投票などの直接投票があります。これらも同じ扱いとなるのでしょうか。

改正公職選挙法の適用範囲

　まず、高校の政治・経済の教科書や資料集などで整理してみましょう。選挙権（憲法第15条・93条）、国民投票（第96条）、国民審査（第79条）、住民投票（特別法制定）（第95条）、住民投票（直接請求）（第92条→地方自治法）があります。

　それぞれが国民主権に基づく参政権ですが、規定される憲法の条文や法律が異なっていることがわかります。今回の改正された公職選挙法は、直接には選挙権（国政選挙および地方選挙）を規定していますが、住民投票の一部を除いて同じ18歳選挙権の規定が適用されます。また、最高裁裁判官の国民審査の投票資格年齢にも適用されます。これ以外に、農業委員などの選挙も18歳以上となりますが、有権者の名簿から選ばれている裁判員や検察審査員については当面20歳のままです。しかし、憲法改正の国民投票については、他とまったく次元が違います。

憲法改正の国民投票に18歳以上が加わるのは2018年以降

　国民投票は、公職選挙法でなく「日本国憲法の改正手続に関する法律」によって規定されています。つまり、国民投票は、衆参両議院で3分の2以上の議員の賛成で憲法改正の発議がおこなわれ、その後国民に憲法改正の是非を問う場合におこなわれるものです。この法律は2007年5月に国会で成立したのですが、このとき附則に年齢条項の見直しなど3つの検討課題が残されました。それを解決するため、2014年6月に投票資格年齢を18歳以上に引き下げるなどの改正がおこなわれ、すぐ公布・施行されました。しかし、4年間は20歳以上のままなので、4年後の2018年以降に憲法改正の国民投票がおこなわれれば、日本国民の未来にかかわる重い選択に18・19歳の240万人も加わることになります。

地域政策の是非を問う住民投票

　住民投票は、①地方自治特別法に対する住民投票（レファレンダム）、②議員の解職・議会の解散を求める住民投票（リコール）、③住民投票条例が制定された場合の住民投票、④合併特例法による住民投票、⑤大都市地域特別区設置法に基づく住民投票、に大別されます。
　2015年2月埼玉県所沢市で、市立小中学校へのエアコン設置の是非を問う住民投票がおこなわれました。学校施設の設置という身近な地域の争点を、条例に基づいておこなった③の住民投票の例です。およそ28万人の所沢市民を対象とした住民投票では、賛成が反対を上回りましたが、投票率が31.5％にとどまって賛成票はエアコン設置実現の目安であった投票資格者総数の3分の1に届きませんでした。この住民投票の結果に法的拘束力はありませんが、所沢市長は小中学校28校の内で最も騒音のひどい地域にある2校にエアコンを設置する方針を表明しました。地域住民の政治参加による意思表明が政治に活かされた例といえます。
　しかし、2013年5月東京都小平市でおこなわれた住民投票では結果の公開さえされませんでした。経緯は以下のようです。50年前に計画され

た都市計画が動き出し、道路建設の予定地に雑木林が破壊されそうになり、その保存を求める住民グループが住民投票を求める署名運動を起こしました。その結果住民投票がおこなわれましたが、投票率が35.2％にとどまり、小平市が決めた投票の成立条件である50％以下でした。このため、開票さえもされなかったのです。市長や市議会の考え方で住民投票の影響力が大きく異なってくるのです。

このように、条例に基づく住民投票によって地域政策の是非を問う事例は、住民が自治体へ直接に意思を示す直接民主主義の制度として70年代に始まりました。とくに1996年の新潟県巻町（現新潟市）の原子力発電所建設をめぐる住民投票が画期的でした。個別の政策を問う投票でなく、住民投票を住民意思の反映手段として認める、常設型住民投票条例を制定した上でおこなわれました。2000年代には400以上の自治体で市町村合併に関する住民投票がおこなわれました。その他の政策をめぐる投票は20件ほどです。合併の住民投票では、将来に大きな影響を与える問題であることを考慮して、18歳未満の若者にまで投票権を認めた自治体が数十件もありました。

大阪都構想の是非を問う大阪市の住民投票

2015年5月、大阪都構想の実現の是非を問う大阪市の住民投票が実施され、大きな話題となりました。これは2012年に国会で成立した⑤の「特別区設置法」に基づく住民投票で、先に述べた③条例制定による住民投票とまったく異なるものです。投票率に関係なく賛否どちらか一票でも多い方で決まるので、投票結果に法的拘束力があります。住民投票を実施するには、住民投票条例を制定させる署名を有権者の50分の1以上からを集め、議会で可決することが必要です。今回の場合は、橋下市長に賛成する側の署名による条例制定請求によって、議会が条例を可決し住民投票が実現しました。その結果この住民投票は、政令指定都市の廃止を問う全国初の住民投票となりました。投票にかかわる広告や宣伝活動

については公職選挙法の適用外とし、チラシ、広報車、テレビCMなどのメディアの活用、さらに運動資金についても無制限とされました。このため、投票当日も宣伝合戦が繰り広げられました。大阪市の211万人の有権者による住民投票は、結局、反対票が賛成票を１万票あまりの僅差で上回り、大阪都構想は否決される結果でした。

　法的拘束力をどこまで認めるのか、投票成立条件を決めるのか、住民投票のあり方が今後の課題となりそうです。

18歳未満や永住外国人の参加による住民投票の広がり

　2015年２月に沖縄県与那国島で陸上自衛隊沿岸監視部隊配備の是非を問う住民投票が、永住外国人も含む中学生以上が参加しておこなわれました。投票率が85.7％。結果は賛成が反対を大きく上回りました。これまでも、永住外国人や中学生の投票権を認める住民投票条例が多くあります。2003年に北海道奈井江町合併で小学５年生以上を認めました。18歳選挙権が認められたいま、住民投票年齢への引き下げが加速するのは確実です。ただ、与那国島の住民投票には、国政に関わる問題に永住外国人が投票するのは憲法違反だという批判もあります。

若者の政治参加による主権者意識の高まりを

　これまで中高生や18-19歳の若者が選挙権を得ることについて、当事者の若者たちを含め国民的な議論がおこなわれてきたとはいえません。18歳選挙権実施に向けて、①若者たちの主権者としての成長を保障する教育の充実や、②若者たち自身の主権者としての成熟、③若者たちの自主的活動による社会的認知が大切ではないでしょうか。教科書にあるように「地方自治は民主主義の学校」（ブライス）です。若者の主権者意識や投票意欲を高めるためにも、18歳以下の若者たちも含めて、各地域・地方において身近な政策についての学習機会を積極的に設け、住民集会や住民投票などの政治参加方法を増やすべきではないでしょうか。〔氏家和彦〕

第3章

政策を判断するために

Q19 若者の働き方と政治との関係について教えてください

　2015年6月、18歳選挙権法が成立しました。高校生のみなさんの中で、自分は関係ないと思っている人もいるのではないでしょうか。「若者の働き方」というテーマで、皆さんと選挙がどのようにかかわっているのかを考えてみましょう。
　私はアルバイト調査（高校3年生）を、20年間実施してきました。以下は最近の例です。

1　コンビニ：670円・時給（女性　2002年）　店長がセクハラおやじ。すれ違うとき、絶対、体くっつけてくるし、話すとき顔を近づけてくる。
2　地鶏の鍋屋：1500円（女性　2014年）　時給高かったが、マスターから「アホ」やと言われるし、軽く殴られた。
3　コンビニ：840円（女性　2015年）　お中元2個のノルマがあり、「家の人に頼んで買ってもらって」と言われたけれど買わなかった。
4　ピザ屋デリバリースタッフ：780円（女性　2007年）　デリバリーは、基本的に男性ばっかり。道覚えるの苦手、いっぱい間違ったりして怒られた。段差に突っ込んで、めっちゃ怪我しているのに、働かされた。
5　ドラッグストア販売：830円（女性　2015年）　21時45分にタイムカードを押させられ、22時〜22時15分まで働かされる。

第3章　政策を判断するために

　最近増えているのがハラスメント。ことばのセクハラ、そしてパワハラも（前述の例の1・2）。店長や社員がノルマや売り上げにあせり、バイト生にもノルマを割り当てます（3）。火傷や怪我など労働災害に関わることも報告されています（4）。最低賃金以下で働かされていたり、ただ働きさせられることも（5）。賃金は「使用者の指揮下」であれば、（就業前の研修も仕事前の着替えも）労働時間＝賃金になるのですが。

　こういうことが、いわゆるブラックバイトです。これらは全て労働基準法で違法行為となります。労働基準監督署に申し立てて是正をしてもらいましょう。そのためには、こうした事実があったことを細かくきちんと記録しておくことが大切です。もちろん、こうした行為をさせられた時に、「労働基準法で違法ですから、従えません」とはっきり抗議しましょう。ブラックバイトは、学生が学生らしい生活を送れなくしてしまいます。正社員並みに働かせられることによって学業に支障をきたしてしまったり、シフトを一方的に決められることによって授業や課外活動に参加できなくなってしまったりします。このようなブラックバイトでは、違法行為が存在している可能性も高いのです。

　事態は高校生だけでなく、大学生にも広がり、大学当局も改善策を講じ始めています。

　そこで、アルバイトをしている人は、以下でチェックしてみてください。

〈ブラックバイトチェックシート〉
- 賃金の計算が1分単位ではない
- 個人の努力では達成できないような売り上げのノルマなどを課されている
- バイトを減らす理由として、「試験勉強」は認められない
- 休憩は取れたり取れなかったりだ

- 実際の労働条件が、募集の際に提示されたものと違った
- 労働条件を書面で渡されなかった
- アルバイトの上司・先輩から暴言・暴力・嫌がらせを受けた
- シフトや勤務日数、勤務時間を一方的に減らされた
- 希望していないシフトに入れられた
- 商品やサービスの買い取りを強要された
- ミスをした分を支払わされた
- 準備や片付けの時間に賃金が支払われなかった
- 仕事が延びても残業代が時間通り支払われなかった
- 就業規則がいつでも確認できるようになっていなかった
- 賃金が一方的に引き下げられた
- 賃金が毎月決まった日に支払われなかった
- 午後10時以降の労働や８時間を越えての労働に対して割増賃金ではなかった
- 給与明細書がもらえなかった（パソコンで確認できる場合を除く）
- １日に６時間を超えて働いても休憩時間がもらえなかった
- 仕事上のケガの治療費を自己負担させられた

　３個以上あてはまった場合…完全にブラックバイトです。「バイトだから仕方ないかな〜」と思っているかもしれませんが、一つだけでも違法行為か、それに近い行為です。なるべく早く相談しましょう（ブラックバイトユニオンという労働組合もあります）。
　どうしてこういうことが起こるのでしょうか？
　ブラックバイトが話題になる前から、ブラック企業という言葉も聞かれるようになってきました。以下をチェックすると、どういうことがブラック企業でおこなわれているか、わかります。

第3章　政策を判断するために

〈ブラック企業度チェックリスト〉
内容
（1）残業しているのに、残業代が支払われたことがない
（2）毎月80時間以上の残業が当たり前だ
（3）休憩時間がない。または取れて10分程度だ
（4）休日返上が珍しくない。そもそも休日がいつなのか分からない
（5）有給休暇がない。またはあっても使わせてくれない
（6）会社の経費が精算できずいつも自腹をきっている
（7）社会保険がない。加入しているか聞いたらはぐらかされる
（8）時給換算してみたら給料が最低賃金以下だった
（9）いくら残業しても一定額しか残業代がつかない
（10）年中、求人広告が出ている
（11）求人広告の契約内容と実際の給与が違っていた
（12）タイムカードがない。または勝手に押されている
（13）うつ病、ノイローゼで会社に来れなくなった人がいる
（14）激務すぎて眠れないことが多い
（15）就業規則がないか、探しても見つからない
（16）入社してすぐ管理職になったが、手当てはいっさいない（一人店長など）
（17）経営者の私用に社員を駆り出すのが当たり前だ
（18）社内の壁に「死ぬまで働け」という標語が貼ってある
（19）パワハラ、セクハラが日常茶飯事である
（20）系列会社や子会社がやたらと多く、事業内容すらよく知らない
（21）何か事件が起こると社名を変更する
（22）洗脳まがいの研修やシゴキ研修がある
（23）オフィス内で「殺すぞ」という怒号が飛び交っている
（24）暴力が横行している
（25）役職者が社長の親族でがっちり固められている

(26)「この仕事向いてないんじゃない？」と辞めるよう遠まわしに言われる
(27) 退職させてくれない。または「辞めたい」と言ったら「損害賠償を請求する」と脅された
(28) 辞めた社員に離職票など必要な書類をいっさい渡さない
(29) 平均年齢がやたらと若い
(30) 入社3年以内の離職率が30％を大きく越える

※上記のブラック企業度をチェックして、該当が0の会社は「ピュアホワイト」、1～9個は「グレーゾーン」、10～14個は「ダークグレー」、15個以上は「ザ・ブラック」。(10)、(12)、(13)、(14)、(18)、(29)、(30) 以外は全て違法行為です。

ブラック企業の特徴は、新卒正社員が被害を受けることです。上のような「迫害」によって、過労死、うつ病、精神疾患、さらに自殺というような悲惨な例があとを絶ちません。

ブラック企業発生の背景は、90年代後半以降、若者に非正規労働者が増加したことです。「格差」「貧困」が話題になり、就活中の学生は「何としてでも正社員に」と思いが強まりました。それにつけ込むようにブラック企業が生まれてきたのです。

企業・経営者の意識が以下のように大きく変わってきました。
①正社員については特に求職者が多く、買い手である企業に有利（買い手市場）
②サービス産業化により、人件費削減が経営方針の柱になってくる
③政府の方針そして財界も「非正規労働者」を活用し、殺到する正社員希望者を選別したうえでの利益を確保しようとする
④人や技術を大事にする長期経営方針を捨て、短期的に「もうけられるときにもうける」ために「労働者の代わりは、いくらでもいる」

「使えないものは、使い捨てればいい」という考えに傾く

　そのため「大量採用→大量使い潰し→大量離職」を繰り返すのです。
　ですから、たとえばブラックバイトユニオンも相談に応じ、時には（過労死などについての）訴訟を起こしています。が、こうしたブラック企業がなかなか減りません。
　若者が主な被害者になるブラックバイト、ブラック企業。その被害をくいとめるには、現在の労働基準法を厳格に適用し、違反企業を摘発できる労働基準監督署の体制が必要です。その他、非正規労働者が増えていかないように状況を改善する（仕事の安全・健康・快適そして人間的な生活を保障するような）労働法制の整備が求められます。そのためには、あなたたちが、政治参加の第一歩である投票に参加するとき、こうした視点で政治家や政党を選ぶことがどうしても必要なのではないでしょうか。

〔松崎康裕〕

Q20 どんな政党がありますか？

政党は私たちとともに日本のこれからの社会をつくっていく

　政党は、共通の主義・主張に基づく政策を実現するために政権獲得をめざす組織です。公職選挙法や政党助成法によって、①国会議員が5人以上いる、もしくは②一番近い国政選挙で2％以上の得票があった政治団体、と決められています。

　国民一人あたり250円の政党交付金が国から支給されています。本部収入に対する政党交付金の割合は、多くの政党が7割から8割を占めています（共産党だけが受け取っていません）。政党は、綱領（理想とする日本の社会・国家像）に基づく政策を訴えて、マスコミとともに国民の世論形成に大きな役割を果たします。その党の最高責任者で、総裁・委員長などと呼ばれる党首は、その政党の顔でもあります。

※政党名に続く（　）内の数字は、その政党に属する衆議院・参議院の国会議員の人数であり、『国会便覧　平成27年2月』（2015年2月26日、廣済堂出版）から引用しました。

＊自由民主党（総裁・安倍晋三、衆291・参114）

　1955年に、自由党と日本民主党という保守政党が合同して誕生しました（略称・自民党）。以後、自民党は、細川・羽田政権（1993年8月〜1994年6月）、民主党中心の鳩山・菅・野田政権（2009年9月〜2012年12月）の時を除いて、政権を担ってきました。「憲法改正を通じ、日本らしい日本の姿」を示すことで、自助自立する個人を尊重し、「品性あ

る国民による活力ある社会」をめざしています。2012年には、自衛隊を「国防軍」として国際社会での活動をより広げる日本国憲法改正草案を発表しています。日米同盟の下で「積極的平和主義」を唱え、集団的自衛権を一部認める「平和安全法制整備法」も国会に提出しました。自民党の政治家は財界・官僚との強い結びつきを作ってきました。

＊民主党（代表・岡田克也、衆72・参58）

1996年に、新進党・社会民主党・新党さきがけの各党から合流した人々によって結成されました。「生活者・納税者・消費者・働く者の立場に立って、既得権や癒着構造と闘う政党」としています。最大の労働組合全国組織である連合（日本労働組合総連合会）が大きな支持母体です。自民党への国民の不満を吸収し、2009年8月に自民党を破って第一党となり、政権交代を実現しました。月額1万3000円の子ども手当や高校授業料の無償化、農家への個別所得補償などを実現しましたが、政権獲得時のマニフェストを守ることができず、2012年12月の総選挙で自民党に惨敗し、政権を失いました。政権奪還をめざす民主党は、正規雇用の増大や原発を2030年代にゼロにするなどの政策をかかげています。安倍内閣による集団的自衛権の容認には反対し、専守防衛の立場を守ることを主張しています。

＊維新の党（代表・松野頼久、衆41・参11）

TV番組で有名になった弁護士の橋下徹氏は、2008年に大阪府知事に当選、2010年に地域政党「大阪維新の会」を結成しました。さらに橋下氏は2012年に全国政党「日本維新の会」を結成し、それがもとになった政党です。「我が国の旧き良き伝統を守りながら、国からの上意下達に依ることなく、地域・個人が自立できる社会システムを確立」するために改革勢力を結集するとしています。橋下氏は、大阪市・堺市を解体して東京の23区のような特別区からなる大阪都にしようという構想を発表して大ブームを巻き起こし、数年で衆議院で第三党の地位を獲得しましたが、その大阪都構想は2015年の住民投票で否決されました。「身をき

る改革」(国会議員の歳費や定数の３割削減等)、首相の公選制や道州制の導入、水道や公共交通機関の民営化など「既得権益とたたかう成長戦略」を主張しています。

＊公明党（代表・山口那津男、衆35・参20）

　創価学会という宗教団体を支持組織として、1964年に結成されました。都市の中小零細企業や自営業者などと結びつき、「福祉」や「平和」を強調してきました。〈生命・生活・生存〉の人間中心を理念として、生活者重視の文化・福祉国家をめざすとしています。1999年以来自民党との連立政権に参加して、国土交通省の大臣を出しています。消費税増税時の軽減税率の導入などを強く打ち出して、政権与党の中での存在感を示そうとしています。地域での高齢者や青年層も含めた独自の宗教的文化活動に基づくきずなは選挙に強い公明党の基盤となっています。

＊日本共産党（委員長・志位和夫、衆21・参11）

　1922年に結成されました。将来は、国民の合意を得て、「主要な生産手段（土地・工場・機械設備など）の所有・管理・運営を社会の手に移す」社会主義社会を目指すとしています。敗戦までの10年間は、国民主権を掲げて天皇制と日中戦争に反対し、治安維持法で徹底的な弾圧を受けました。安保条約を廃棄し日米平和友好条約に変える、自衛隊は存続を認め縮小をはかる、憲法を守り民主主義を発展させる、長時間労働や一方的解雇を規制する、原発は即時ゼロにするなどを当面の目標としています。全労連（全国労働組合総連合）への影響が強く、地域の組織でも草の根の活動を展開しています。

＊社会民主党（党首・吉田忠智、衆２・参３）

　1955年以来自民党に対抗する最大野党であり護憲をかかげた日本社会党が、自衛隊を合憲と認めて1994年、自民党との連立政権に参加し、党首の村山富市氏が首相となりました。1996年首相辞任のあと社会民主党に改名しましたが、多くの議員が民主党に流れました。「平和・自由・平等・共生」の理念を具体化する不断の改革運動により「格差のない社

会、連帯を柱に据えた共生社会」をめざします。憲法9条を守る、日米安保条約の平和友好条約への転換等をめざし市民運動との連携もすすめています。

＊**生活の党と山本太郎となかまたち**
　（代表・小沢一郎・山本太郎、衆2・参3）

　2012年に日本未来の党が生活の党と改称しましたが、2014年の衆議院選挙の後、参議院の山本太郎氏と一緒になり、党名も変更しました。「国民の生活が第一」の原則を貫き、共生社会をめざすとしています。2022年までの原子力発電所の全廃、消費税の増税をしない、中央官庁の権限の地方への移管、中学卒業までの子どもへの手当の支給などを主張しています。

＊**次世代の党（代表・平沼赳夫、衆1・参6）**

　日本維新の会から石原慎太郎氏が分離して作った「新しい保守」の党です。自主憲法の制定による国防軍の新設や首相公選制の導入、「集団的自衛権に関する憲法解釈の適正化、正しい国家観と歴史観の教育、日本の伝統的価値や文化の重視、家族や地域の絆の再構築」（要約）を主張しています。

無党派層

　選挙の前に世論調査を行うと、いつも4割から5割の支持政党なしの回答があります。このような人々は無党派層と呼ばれますが、政治に無関心な人たちばかりではありません。決まった支持政党はなく、選挙の直前まで考えて、その時々によって投票する政党や候補者を変える人たちが多く含まれています。

〔立川秀円〕

Q21 対立する政策について教えてください
論点1　消費税

消費税増税

1989年に初めて導入された消費税は、当初の3％が1997年から5％に引き上げられました。2012年、消費税増税を柱とする「社会保障と税の一体改革」関連法が、民主・自民・公明党などの賛成で成立したことにより、消費税が2014年4月から8％（消費税6.3％地方消費税1.7％）に引き上げられ、さらに2017年から10％（消費税7.8％地方消費税2.2％）に引き上げられる予定です。ここでは消費税増税（2014年実施）について、その賛否を考えてみることにしましょう。

消費税（増税）賛成の立場

政府はこう言っています。「社会保障は、医療、介護、年金、子育てなどにかかる費用の負担をみんなでわかちあい、支えあう制度です。この前提となる社会情勢は、現在の社会保障制度がつくられた1970年代と今日では大きくかわっています。少子高齢化にともない、年金、医療、介護などの社会保障費用は急激に増加しています。その一方、税収は歳出に対して大幅に不足していて、このままでは将来社会保障を安定的に機能させることができなくなるおそれがあります」（下線は引用者）。

つまり、第一に、少子高齢化によって社会保障費が大幅に増加するが、税収が足りず将来の社会保障費を十分に供給できないので消費税を増税するというものです。そして、消費税増税分はすべて社会保障の充実・安定の財源としています。

今の年金制度は、現役世代の拠出金で高齢者の年金をまかなっている賦課方式（注：この他、年金を受け取る人が積み立てたお金で年金を支給する積み立て方式もある）をとっています。ところが、少子高齢社会に入り、働き手（＝現役世代）が減少して、この世代の負担が増えるため、負担を減らすために消費税を増税するのだと言います。老齢人口（65歳以上）÷生産年齢人口（20〜64歳）で表わすと、1970年には現役9.1人で老齢者一人を支えていたが、2012年は2.4人で、そして2060年には1.2人で支えなければならないので、負担が大きすぎるというものです。

第二に、なぜ他の税でなく消費税の増税にたよるのかについて、（１）消費税は誰もが負担するもので現役の働き手に負担が集中せず世代間に公平であり、みんなでわかちあい支えあう社会保障制度に適していること、（２）消費財・サービスにかかるものなので、税収が安定し確実に得られるからであるとしています。その結果、歳入全体における直接税の割合が減り、全世代が薄く広く負担する間接税の割合を増やしていくことになります（直接税と間接税の比率が間接税にかたよる＝直間比率の問題）。

第三に、消費税増税が家計や経済に悪影響を与えないように、2015年12月に５兆円程度の経済政策を実施するとしています。具体的には、研究開発を促し設備投資をあとおしする税制の実施、収益を賃金として従業員に還元する企業への税制上の支援、所得の低い人や子育て世代の人々への臨時給付金の支給などをおこなうとしています。

消費税（増税）反対の立場

以上のような消費税増税の立場に対しては、反対意見が根強くあります。

第一の、「少子高齢社会により急増する社会保障費をみんなで支える」べきだという主張については、以下の反論があります。

現役世代が支えるのは高齢者だけではありません。子どもも社会全体

で支えているし、逆に高齢者でも働いている人がいます。したがって、「老齢人口（65歳以上）÷生産年齢人口（20〜64歳）」ではなく、「労働力人口が全（総）人口を支えている」実態を計算するのが正しいと考えます。これを試算すると、以下の表のようになります。

表21-1

	1965年	2012年	2030年
総人口（万人）	9,827	12,750	11,662
労働力人口（万人）	4,787	6,513	6,180
総人口／労働力人口	2.05	1.96	1.89

　これを見ると、労働力人口と全（総）人口の比率は、1965年2.05、2012年1.96、2030年が1.89であり、比率はあまり変わっていません。つまり、負担はあまり増えないのです。少子化によって子どもにかかる費用が減っていくからです。

　第二に、消費税は子どもでも大人でも学生でも社会人でも失業者でも高齢者でも被災地の人々でも、だれもが負担しなければならないもので、低所得者ほど負担が重いという逆進性（注：低所得者は収入の大部分を消費し、そこに消費税がかけられる。高所得者は、その所得の一部しか消費しないので消費税負担が少なくなる）があることです。大企業や富裕層などの優遇をやめ「能力に応じた負担」の税制改革をおこなうべきではないでしょうか？　以下のような政策が考えられます。

　（１）法人税を増税する。なぜなら、法人税率は引き下げられ続けています（1989年40％→1990年37.5％→1998年34.5％→1999年30％→2015年23.9％）。そして、資本金10億円以上の大企業は内部留保（ためこんだ利益）を増加し続けています（消費税導入時の1989年約90兆円から2010年代約270兆円に）。たとえば以下のように優遇税制があるからです。

連結納税制度：親会社が子会社の株式を100％保有している場合、100％保有子会社の所得を親会社の所得と合算して法人税を計算する仕組み。グループ企業の中に赤字法人がある場合は、個別に納税するよりも税額が低くなってしまいます。この減税によって連結法人は基本税率30％のうち、10.3％を一気に引き下げているのです。

　受取配当益金不算入：企業が国内の他の企業から受け取った株式配当は、法人税の計算上は、原則「益金」とはみなされず、その分だけ企業の利益（申告所得）が減少することになります。2010年にはこの制度で１兆５億円が減税されました。

　その他、外国子会社配当益金不算入や、各種の税額控除（試験研究費の税額控除など）があります。その結果、2010年の大企業（資本金10億円以上と連結法人）の法人税負担率は（基本税率が30％なのに）19.6％にしかなりません。

　このようにして、1989年から2014年までの法人３税の減収分は255兆円で、消費税の税収分が282兆円であることから、法人税を上げれば消費税は上げなくてすむはずです。

　（２）負担能力に応じて課税する税制にすることが最も公平です。たとえば富裕層への課税として、所得税の累進税率を引き上げるべきです。富裕層への累進率はほぼ引き下げられています（1984年最高税率70％ 15段階→1987年最高税率60％ 12段階→1989年最高税率50％ ５段階→1995年最高税率50％ ４段階→1999年最高税率37％ ４段階→2007年最高税率40％ ６段階）。

　そして所得税・法人税率が下がれば下がるほど、財政収支（税収−支出）が悪化しています。また、富裕層や企業ほど税率が上がる累進課税にすれば、国民の消費が堅実に増加し、その結果経済成長も高まるはずです。

　以上をふまえて考えてみましょう。　　　　　　　　　　〔石井俊光〕

Q22 対立する政策について教えてください
論点2　景気対策

経済成長と景気変動

景気の状態は人々の生活に大きな影響を持ちます。

図22-1　経済成長率の推移

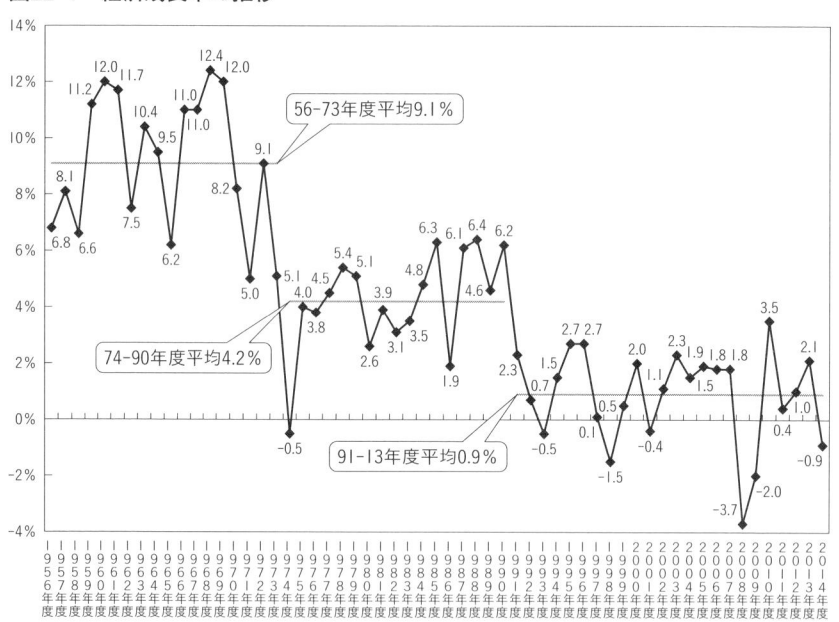

(注) 年度ベース。93SNA連鎖方式推計。平均は各年度数値の単純平均。1980年度以前は「平成12年版国民経済計算年報」(63SNAベース)、1981～94年度は年報(平成21年度確報)による。それ以降は、2015年1―3月期2次速報値〈2015年6月8日公表〉

(資料) 内閣府SNAサイト

第3章　政策を判断するために

　私たちにとっては、少し長い目でみれば、経済が成長し、暮らしも豊かになっていくのは当たり前と思ってきませんでしたか？　ところが、18世紀より前の経済はほとんど成長0でした。それを19世紀に始まる産業革命が一変させました。工業が中心の産業となると、技術革新と人口増加によって、経済成長はそれ以前に比べて劇的に進みました。こうして経済成長が当たり前の時代になってきたのです。

図22-2　景気循環の4局面

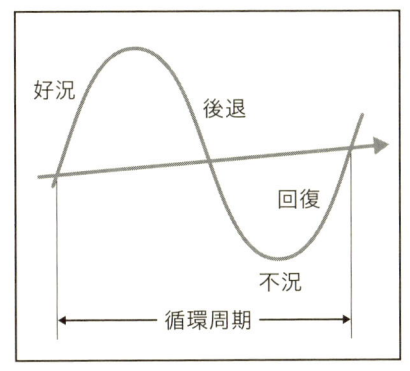

好況／後退／回復／不況／循環周期

　しかし、それは直線のように成長が続くのではないということも知っていますよね。経済は現実には、短ければ数年、普通は10年くらいの周期で、恐慌（激しい不況）をはさみながら、ジグザグに成長する道筋を歩んできました。

景気変動とは

　なぜジグザグになるのでしょう？　一番大事な要因は、近代以前と違って経済が自給自足（あるいはそれに近い）状態から、財（商品）を売買して経済が進行していく「市場経済（貨幣経済）」になったことです。

　多数の生産者と消費者からなるこの社会では、物々交換や注文生産ではなく見込みで生産し、それを消費します。消費者は、値段と品質を見て、自分の財布と相談して購入します。生産者は、商品の売れ具合で生産を増やすかどうかを決めます。生産には長い時間が必要なものもあります。そのため生産者も、いくつかの指標をたよりに先の予想をたてて自分の生産水準や設備増設を決めざるをえません。だから市場経済では需要と供給はほとんど一致しません。

供給（生産）が需要を下回ると、生産者は生産を増やす。また雇用を増やす。原材料の仕入れも増やす。使用電力も増える。資金を確保（金融）しようとする。雇用増加は所得を増やし、需要を増やすなどの「好循環」が発生します。しかし、この好循環はいつまでも続きません。「好況」になれば生産者（供給）は強気になり、工場・機械の増設を積極的に進めます。

　ところが、供給が需要を上回れば、生産者が生産を減らすという局面に入ります。上の「好循環」がたちまち「悪循環」＝負の連鎖におちいります。不況です。

　しかし、この「不況」にもやがて、歯止めがかかります。景気が悪くなって需要も減る。その減った需要に、減った供給が一致する。あるいは売れなくて価格が下がれば、そのため、今度は需要が増加する。こうして、市場経済では、景気変動が繰り返されることになります。

　1929年の世界大恐慌以前は、このような市場経済に内在する「自動調節機能」を信頼して、政府が景気対策をほどこすことは基本的にありませんでした。その考え方を一変させたのが世界大恐慌でした。悲惨な大恐慌によって、自動的に不況は解消されるという「信仰」はこっぱみじんにうちくだかれました。あらたに、F・ルーズベルト大統領による国民救済、好況事業による景気回復策（ニューディール政策）がとられましたが、結局第二次大戦による軍需の増大によってアメリカは不況から脱することになりました。極端な好景気は極端な不景気＝恐慌をもたらし、戦争すらひきおこす。これが大恐慌が残した教訓でした。

　ここから、第二次大戦後の資本主義国は、不況対策とともに景気過熱を予防する政策手段を発展させました。財政上の政策としては、不況期には公共投資などの政府支出を増やすことで、有効な需要を喚起する（過熱時は逆に減らす）。また金融上の政策としては、過熱時には金利を上げて、景気をさます（逆に不況時は金利を下げて、企業の投資などを促進する）という財政・金融政策をとってきました。

しかし実際には、2008年にリーマンショックがおきてしまいました。
　日本も戦後、景気変動を繰り返しながら、70年代前半までは高度成長を達成し、その後も1986年から1991年のバブル経済の崩壊までは一定の成長をとげてきました。しかし、その後の20年はほとんど成長できない「失われた20年」が続きました。
　この経済状態の中で、国民の不満の解決をうたった民主党に一時、政権が移りました（2009～12年）が、マニフェストと実績が乖離し、自民党政権に復帰しました。安倍政権です。この安倍政権が景気（経済成長）対策として打ち出したのが、いわゆる「三本の矢」です

安倍内閣による三本の矢

2013年1月に政権に返り咲いた安倍内閣は、以下のアベノミクス「三本の矢」と呼ばれる経済政策（景気対策をふくむ）を打ち出しました。
　①大胆な金融政策（資金不足なので企業に通貨をたくさん供給する）
　②機動的な財政政策（公共投資を積極的におこなう）
　③民間投資を喚起する成長戦略（そのために世界に誇れるビジネス環境を整備）
　　（下線は筆者）
　①と②は「大胆」「機動的」という言葉を除けば、これまでの不況対策を大きく実行するということです。そして③はこれからの実行ということになっています。

アベノミクスの実績は？

景気変動の図（22-3）を見てください。①と②によって安倍内閣は景気回復を目指しましたが、実際はどうでしょうか？　2013年4月からの消費税値上げもあって、GDPはマイナスとなり、その後遺症からは立ち直っていません。
　しかし、景気判断の指標の一つである株価は上昇しています。また、

図22-3　アベノミクス下の1年（2013年）を
　　　　前年（2012年）と比べてみる

```
〈景気〉
  実質経済成長率                    1.4%→1.5%
  同（公共投資を除く）              1.3%→1.0%
〈雇用・年平均〉
  正社員の増減数                    △12万人→△38万人
  非正規社員の増減数                2万人→93万人
  非正規社員の比率の上昇幅          0.1%→1.4%
〈物価・年平均〉
  消費者物価上昇率                  0.0%→0.4%
  輸入物価上昇率（円ベース）        △0.3%→14.5%
〈サラリーマン世帯〉
  可処分所得の増加率                1.1%→0.3%
  同・実質                          1.1%→△0.2%
```

（資料）内閣府「国民経済計算」ほか

輸出企業にとっては有利に働く為替相場も円安になっています。
　国民生活にとって一番大事な所得は実質（物価変動の影響を除く）可処分所得（収入から税金などを除く）ですが、消費税増税の影響もあってサラリーマンはマイナスとなっています。
　株価は上がり、所得は減っている。さあ、これで景気はよくなっているのでしょうか？
　各界の意見を紹介します。まず野党は？
維 新 の 党：基本的には評価。「全否定はしないが、普通の暮らしをしている人たちの生活をどう支えるかが足りない」
民　主　党：「賃上げ無き物価上昇、格差の拡大……などの副作用が生じている」
日本共産党：「庶民の懐を暖める政策に転換すべきだ。家計消費が増えれば、内需が拡大しデフレ克服の道が開かれる」
社会民主党：「アベノミクスは安倍のリスク。ハイパーインフレで人々

の生活が壊れるのではないか」
エコノミストや経済学者は？
森永卓郎：「安倍政権によって悪夢のような格差社会……がやってくる」
伊東元重（東大教授）：「アベノミクスの成果が大きかったことは、株価・為替レート・物価上昇率・失業率や有効求人倍率等の雇用指標など、どれをとっても明らか」

　あなたたちが育ってきた時期、「景気がよかった」と実感できる時はありましたか？　与党が2014年の総選挙で「実感できる景気回復」を唱えたのを覚えていますか？
　長期にわたって実感をともなう「好景気」を味わってこなかったのが、日本の景気の特徴でした。では「実感できる景気」とはどういうことでしょう？　なぜ実感が伴わない景気なのでしょう？
　最近の選挙あるいはその後の政党の景気や経済についての論戦は、ここが焦点になってきました。その際、これまでの景気判断や対策とはちがって、以下の三つが大事なポイントになるのではないでしょうか？
　①拡大した格差をどう縮めるか
　②膨大な財政赤字をどうするか（あなたたち若い世代にかつてない重荷を背負わせないために）
　③少子高齢化をどうするか（女性の地位向上や、特に若者〈さらにその中でも女性〉の非正規労働の激増の問題も関連しますね）
　これらの点に注意しながら、選挙のさい、判断してみてはどうでしょうか？

〔若菜俊文〕

Q23 対立する政策について教えてください
論点3　原発

原子力発電の仕組みと福島第一原発

　原子力発電が日本に導入されて以来、政府も電力会社も、原子力発電は原子炉圧力容器・原子炉格納容器・建屋など多重の防護で放射能が外部に漏れないようにしており、安全でコストも安い安定した電力源であると宣伝してきました。しかし、今回の福島第一原発事故で、原発の危険性と重大事故への対策の不備が明らかになりました。

　原子力発電は、原子力圧力容器の中に納められている核燃料のウランを連鎖的に核分裂させ、発生した熱で水を高温高圧な蒸気に変え、その蒸気でタービンを回して発電をします。火力発電は石油を燃焼させて水を蒸気に変えタービンを回しますから、発電の原理は同じです。タービンに送られた蒸気は海水で冷やされて水となり、ポンプで再び原子炉圧力容器に送られます。

　2011年3月11日の東日本大震災で、福島第一原子力発電所は、ウラン燃料が溶ける炉心溶融という重大な事故を起こしました。地震により送電線の鉄塔が倒壊し外部電源を喪失、さらに津波により非常用電源も水没したためポンプが作動せず、原子力圧力容器に水を送り込むことができなくなり、核燃料が過熱して溶けたと考えられています。また、地震の振動で水の配管が破損し冷却水が喪失した疑いも否定できません。燃料が溶融した1～3号機周辺は放射線量が高く、人が近づくことは困難な状態です。また、高濃度の放射性物質を含む水が、排水溝から外洋に流失し続けていたことも判明しています。

第3章 政策を判断するために

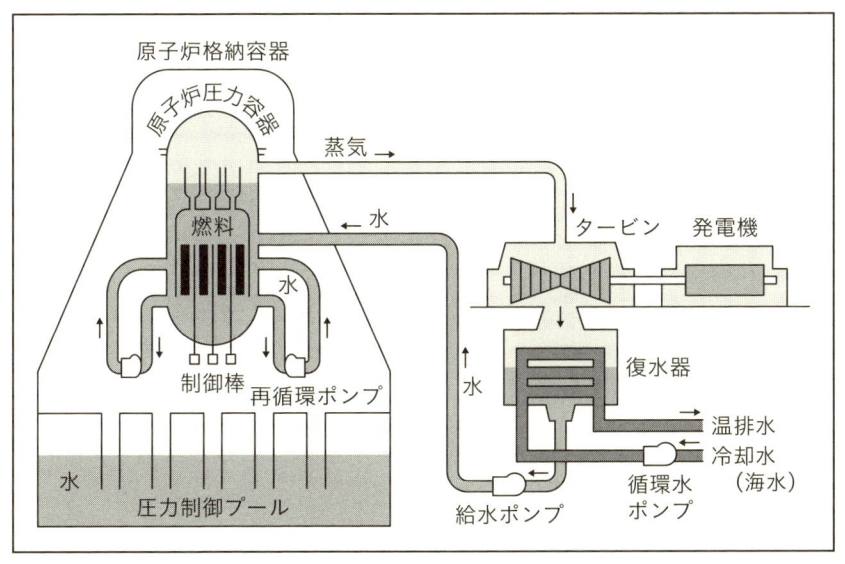

図23-1 原子力発電（軽水炉）のしくみ

（「原子力・エネルギー図面集」）

原子力発電を維持しようとする政府

　政府は、日本のエネルギーの現状を海外から輸入する石油に頼っており、石油価格の上昇や中東での紛争など国際情勢の影響を受けやすく、エネルギーの供給が不安定であるとしています。また、石油など化石燃料の使用は温室効果ガス排出量を増大させ、地球温暖化対策に深刻な影響を与えているとしています。一方、原子力発電は、国内にある燃料だけで生産が維持でき、温室効果ガスも排出しない低コストなエネルギー源で、季節を問わず一定量の電力を安定して供給できる「ベースロード電源」と位置づけています。そして、「原子力規制委員会により世界で最も厳しい水準の規制基準に適合すると認められた場合」、運転を停止している原子力発電所の再開を進めるとしています。

　原子力規制員会は、原子力利用の安全を確保するための規制を扱う組織です。原子力規制委員会の新規制基準は、「原子力施設の設置や運転

107

等の可否を判断」するものです。しかし、規制委員会自身が、規制を満たすことが「絶対的な安全性が確保できるわけではありません」としています。新規制基準では、過去最大を上回るレベルの津波を「基準津波」とし、防潮堤等で原発敷地内の浸水を防ぐことや、原子炉等は「活断層等の露頭（地表に露出した断層）がない地盤に設置する」ことを要求しています。また、炉心溶融等の重大事故発生時に、原子炉格納容器の中の圧力が高くなって、冷却用の注水ができなくなったり格納容器が破損したりするのを避けるため、放射性物質を減らすフィルタを通してから気体を外部へ放出するフィルタ・ベントの設置、万が一の時に格納容器に注水するポンプ車やホースなどの配備を要求しています。しかし、事故時の周辺住民の避難計画は審査の対象になっていません。原子力規制委員会は、2015年6月現在、九州電力川内原発1、2号機、関西電力高浜原発3、4号機、四国電力伊方原発3号機を、規制基準に「適合」したと判断しています。

原子力発電を廃止しようとする意見

　原子力発電の再開に反対し、原発廃止を主張する意見をみてみましょう。

　まず、原発は一度重大な事故を起こすと、長期間広範囲に甚大な被害を引き起こすことです。福島第一原発からは大量の放射性物質が放出され、大地や海洋を汚染しました。放射能汚染は日本全国におよび、高濃度汚染地域の住民は避難を余儀なくされ、今も15万人以上の人々が避難生活を送っています。また、日本列島は地震と火山活動が活発なプレートの境界に形成されており、日本全国どこでも巨大地震の発生が予想されるため原子力発電の立地に不適です。原発のコストについても、原子力発電の場合は、燃料費や保守費など発電そのものにかかるコストだけではなく、実用化に目途が立っていない核燃料の再処理（原子炉で使用済みの核燃料から再び原子炉で利用できるウランやプルトニウムを取り

出す）などの技術開発費用や、半減期（放射能が半分になる時間）が1万年以上もある放射性廃棄物を人類から隔離する技術開発費用、原発立地自治体への交付金、事故防止対策費用、新規制基準に対応する整備費、原発事故が発生した場合の損害賠償費用、復興費用、廃炉費用等も含めて計算すれば、原発が最も高い発電になるとしています。原発は運転時に二酸化炭素を出さないから地球温暖化対策になるという意見に対しては、原発の燃料製造・輸送・原発建設・廃棄物処理・廃炉などの場面では石油を消費するため、全体を考えると二酸化炭素を排出しているとしています。地球温暖化対策には、再生可能エネルギーの実用化と普及が必要だとしています。

さらに原子力発電を考える視点

さらに原子力発電を考えるため、他のいくつかの視点をあげておきます。

原子力発電の労働者や周辺住民の健康に問題があるか。原子力発電で利益を上げる大手電機メーカーなどの関連企業・団体と政府やマスメディアとのつながりがどうなっているか。原子力発電や化石燃料に代わる再生可能エネルギー（太陽光・風力・水力・地熱など）の普及が日本はヨーロッパ諸国よりも遅れていること。原発は仕事と雇用を増やし政府から交付金も出るので、地方にとっては重要な産業ではないのか。組織の文化の質（事故が発生した時に、問題点を隠すのか、それとも科学的な見地に立って議論し改善しようとするのか）も問われます。また、原発のような大型発電所は、大量生産大量消費の社会に見合ったシステムです。小さな地域でさまざまな発電方式を組み合わせると、コージェネレーション（発電時に出る廃熱を給湯に活用する）のようにエネルギー効率を大幅に上げられます。これから、どんな仕組みの社会で暮らすべきか、ということを見直しながら考えてみてはどうでしょうか。

〔渡辺俊哉〕

Q24 対立する政策について教えてください
論点4　沖縄の基地問題

　君たちの中で、沖縄に修学旅行に行った人はいますか？　70年前の「沖縄戦」での悲劇。巨大な嘉手納基地と発着する軍用機。あらためて本土との、過去から現在までの大きな落差に驚いたのではないでしょうか？

2015年6月23日の高校生
　この日（慰霊の日）に戦後70年目の「沖縄全戦没者追悼式」がおこなわれました。
　与勝高校三年生の知念 捷（まさる）君が「平和の詩」として朗読したのが、「みるく世がやゆら」。弥勒世＝弥勒菩薩がもたらしてくれる平和な世。今は、平和でしょうか？　と問いかけています。祖父の姉である大伯母は戦争未亡人。夫は22歳で妻と乳飲み子を残し戦場へ。彼女のもとには戦死を報せる紙一枚。亀甲墓（沖縄の大きな墓）の骨壺には、彼女が拾った小さな石だけ。その彼女が戦後70年を前に、認知症になってしまいました。

　　すべての記憶が　漆黒の闇へと消えゆくのを前にして、彼女は歌う
　　愛する夫と戦争の記憶を呼び止めるかのように
　　あなたが笑ってお戻りになられることをお待ちしていますと
　　軍人節（召集令状が届いて戦地に赴く夫婦の対話を歌っている）の歌に込め

何十回　何百回と
次第に途切れ途切れになる　彼女の歌声（中略）

みるく世がやゆら
彼女の夫の名が　24万もの犠牲者の名が
刻まれた（平和の）礎(イシジ)に　私は問う
みるく世がやゆら
頭上を飛び交う戦闘機　クワディーサー（モモタマナの木）の葉のたゆたい
６月23日の世界に　私は問う
みるく世がやゆら（後略）

知念君がうたった、沖縄戦とその後の永久的とも思われる米軍基地問題。その焦点が、20年来課題とされてきた普天間飛行場の移設問題です。

普天間飛行場・辺野古移転問題

　宜野湾市の普天間基地は市街密集地のど真ん中に基地があり軍用機が発着しています。世界一危険な基地です。特に2004年の沖縄国際大学への米軍ヘリ墜落事故後、住民の基地撤去の声が高まりました。しかしさまざまな経過をへて政府案となったのが、北部名護市の辺野古への移設（新設？）で、政府（防衛庁）は現在、工事開始を強行し、反対住民等の抗議をよびおこしています。

　どうして、こんな危険な基

図24-1

図24-2　沖縄の基地を含む本島の地図

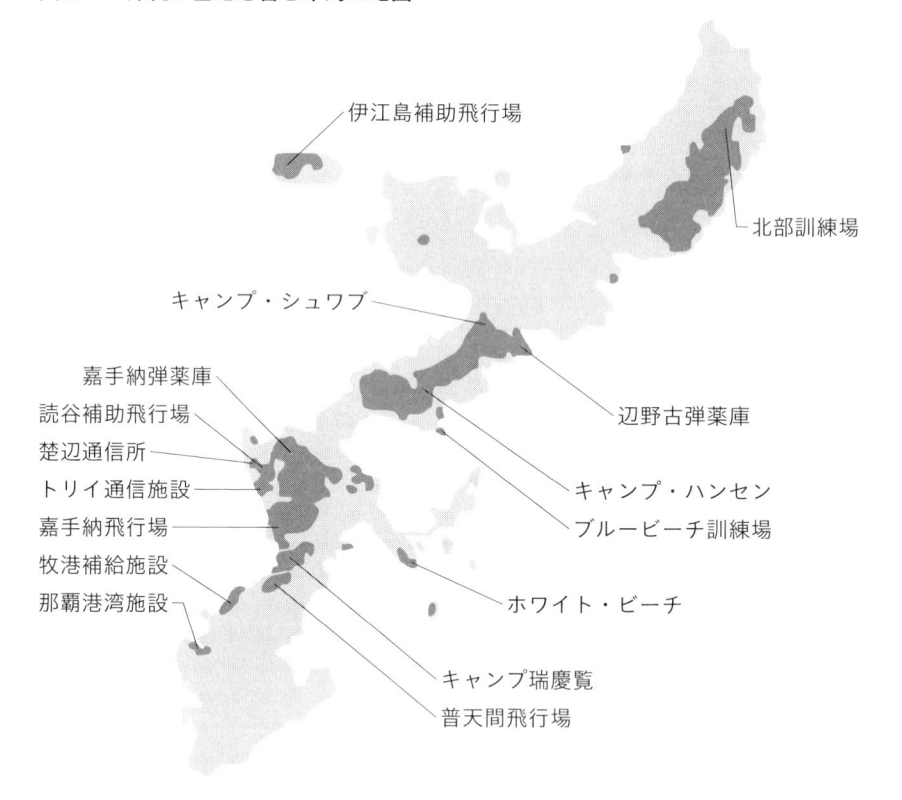

- 伊江島補助飛行場
- 北部訓練場
- キャンプ・シュワブ
- 嘉手納弾薬庫
- 読谷補助飛行場
- 楚辺通信所
- トリイ通信施設
- 嘉手納飛行場
- 牧港補給施設
- 那覇港湾施設
- 辺野古弾薬庫
- キャンプ・ハンセン
- ブルービーチ訓練場
- ホワイト・ビーチ
- キャンプ瑞慶覧
- 普天間飛行場

地がこれまで放置されていたのでしょうか？

　本土では1952年のアメリカによる占領が終了後、多くの基地が返されました（1952年に13万5200ha→80年に8500haに）。ところが、沖縄では72年の本土復帰後も基地の重圧はほとんど変わりませんでした。在日米軍基地の約74％が日本の国土のわずか0.6％の沖縄に集中。沖縄本島の18％を占めています。基地縮小は県民の永続的な願いでした。最も危険は普天間基地撤去はその焦点です。

　この米軍基地について、本土と沖縄ではその置かれ方が全然違いま

す。本土の米軍基地と沖縄の基地とを比較した、以下の表を見て考えてください。

表24-1

本土	沖縄
旧日本軍基地を接収	一般住民の土地を接収
ほとんどが国有地	大半が民有地
新たな民間地収容はほとんどない	新たな接収地も

以下この普天間基地（辺野古移設？）問題について、代表的な4人の意見を紹介しましょう（下線は筆者）。

•内閣官房長官・菅義偉さん（2015年4月）

「（基地で）沖縄県民に大きな負担をお願いしていることについて重く受け止めている。安倍政権としては……負担軽減のために、やれることはすべてやる」

「我が国を取り巻く安全保障環境（が）、極めて厳しい中にあって、……国民の安全を守るのは国の責務だ……そうした状況の中で日米同盟の抑止力の維持とそして（普天間基地の）危険除去、こうしたことを考えた時……辺野古移設というのは唯一の解決策である」

•翁長雄志沖縄県知事（2015年6月23日）

「米軍専用施設の73.8％が集中し、依然として過重な基地負担が県民生活や本県の振興開発にさまざまな影響を与え続けています。

米軍再編に基づく、普天間飛行場の辺野古への移設をはじめ、嘉手納飛行場より南の米軍基地の整理縮小がなされても、専用施設面積の全国に占める割合はわずか0.7％しか縮小されず、……基地負担の軽減とは程遠いものであります。

沖縄の米軍基地問題は我が国の安全保障の問題であり、国民全体で負担すべき重要な課題であります」

・橋下徹さん（当時日本維新の会共同代表、2013年7月参議院選挙、沖縄での街頭演説）
「日本の安全というものは沖縄県民の皆さんに支えられて、僕らは安心して暮らしている……自民党は本当に二枚舌ですね。普天間（は）県外に出すと、自民党の候補者は今も言ってる……安倍首相率いる自民党の本部ははっきりと言ってますよ、辺野古に移設と。

僕ら日本維新の会も、沖縄の皆さんには大変申し訳ないけれども、普天間を沖縄以外……本州のどこか（で）受け入れられるなんて案を持ち合わせていないので、……辺野古移設という方針を公約に書いております。

カジノ解禁をやれば、沖縄は絶対に世界で一番のリゾート地になると思うんです」

自民党全体の公約は辺野古移設だが、地元・沖縄では候補者が辺野古移設反対を訴えており、主張の「ねじれ」現象がおきていた。野党は「2枚舌だ」と批判。

・木村草太さん（憲法学者、2015年3月）
「日米安保条約第6条（日本国内の米軍基地使用を認めた）に基づく駐留軍用地特別措置法に基づけば、政府がここに必要ですと言えば、そこに基地を造れるし、政府が土地を所有してなくても、収容して基地を造れるという法律になっている。

住民や地元自治体から何の意見も聞かずに、政府が認定し、基地ができるという法律になっているが、それでいいのだろうか。

米軍基地のようにみんながいやなものをどこかに造るとき、多数決というのは賢明な手段ではない。沖縄県民、東京都民であっても、国民全

体（から）みれば少数派なので、国民全体で多数決をとれば負けてしまう。

　憲法95条は「一の地方公共団体のみに適用される特別法は、法律の定めるところにより、その地方公共団体の住民の投票においてその過半数の同意を得なければ、国会は、これを制定することができない」とある。辺野古新基地建設では、この条文に基づく住民投票が必要に思える。……住民投票の承認がない限り、新基地建設は不可である」

　と憲法が規定する地方自治権に基づく手続きが不可欠と主張しています。

　以上４人の意見を比較してみてください。木村さん以外は、米軍が存在することによる（近隣諸国の「脅威」に対する）抑止力が必要と認めています。意見はそこから分かれます。

　翁長さんは、なぜ沖縄だけが犠牲になるのかと問うています。橋下さんは率直に沖縄県民に（本土の国民の代わりに）我慢してくれと言っています。

　①沖縄に我慢をしてもらって、米軍基地をおく
　②本土も沖縄のような重い基地負担を担うべきだ
　これ以外の選択肢はないのでしょうか？
　そもそも「抑止力」（それなりの軍事力、安保条約によって特に米軍の）が安全保障にとって一番大事なのか？　それに代わるような、各国の軍備拡張による平和ではなく、ASEAN地域フォーラム（ARF）のような、北東アジア地域の平和協力フォーラムはできないのでしょうか？

　この問題は、沖縄問題を考える上だけでなく、日本のこれからの平和と安全を考える上で重要な問題です。この章のQ25、集団的自衛権を認めるか、またQ26の中での憲法９条改正問題に関連して考えてみましょう。

〔若菜俊文〕

Q25 対立する政策について教えてください
論点5　集団的自衛権

　「デモなんかうるさいだけだと思っていた私がここに立っているのは、戦争が怖いからです」。2015年6月、日本の北、札幌市の街角で行き交う人々にマイクで語りかけたのは、当時19歳の高塚愛鳥さんです。「戦争したくなくてふるえる」という集まりで約700人が参加しました。高塚さんは、なぜ戦争をこんなにも意識することになったのでしょう。それは政府による「集団的自衛権行使容認」が原因でした。

　一方7月、法案に賛成する立場の女性や学生ら20人が、日本の南、福岡市で「戦争に反対だから、安保法案に賛成です」と街頭宣伝活動をしました。参加者は「今の時代、一国では自国の平和を守れません。安保法制は軍拡を進める中国の暴走を止めるのに役立つ法律です」などと声をあげました。

集団的自衛権と憲法9条

　国家には国際法上、自国が攻撃を受けた場合に武力で反撃する「個別的自衛権」があります。また、「自国が攻撃を受けていなくても自国と同盟を結んでいる国が攻撃を受けた場合に、同盟国と共に又は、同盟国に代わって反撃する権利」を「集団的自衛権」といいます。国連憲章第51条では、加盟国が武力攻撃された場合、国連安全保障理事会が必要な措置をとるまでの間、個別的・集団的自衛権の行使が認められています。

　1946年に公布された日本国憲法の第9条では、戦争放棄・戦力不保持が明記され、日本独自の軍隊はありませんでした。1954年に大議論のも

とに自衛隊が創設され、軍備（装備）や活動分野も大きく拡充してきました。政府は、この自衛隊について「自衛のための必要最小限度の実力」として、個別的自衛権のみ認め、集団的自衛権の行使はできないと説明してきました。

集団的自衛権行使容認と関連する法制案

政府は、2015年5月、集団的自衛権を部分的に行使可能にする、安全保障の関連法案（略称：「安保法制案」）を国会に提出しました。他国への攻撃であっても日本の存立にかかわる事態（「存立危機事態」と呼ぶ）であれば、自衛隊の武力行使を認めることとし、次の「新3要件」（案）が提示されました。

①我が国に対する武力攻撃が発生したこと、または我が国と密接な関係にある他国に対する武力攻撃が発生し、これにより我が国の存立が脅かされ、国民の生命、自由および幸福追求の権利が根底から覆される明白な危険があること。②これを排除し、我が国の存立を全うし、国民を守るために他に適当な手段がないこと。③必要最小限度の実力行使にとどまるべきこと。

> 注：自衛権の発動としての武力行使の現「3要件」は次の通り。①我が国に対する窮迫不正の侵害があること。②この場合これを排除するために他に適当な手段がないこと。③必要最小限度の実力行使にとどまるべきこと。

つまり、これまでとは違い、下線（筆者による）の部分にあるように米国への武力攻撃に対しても、その目的・規模・態様などによってわが国の存立を脅かすような場合には、日本への攻撃と同じと見なし日本も武力で反撃できるようにし、日米同盟による「抑止力」（反撃力を見せて相手の攻撃を止まらせる）を高めることを目的にしたのです。

集団的自衛権行使容認すると、自衛隊の活動どうなる？

自衛隊の主たる任務は、日本が武力攻撃されたとき初めて武力で防衛

すること（専守防衛）ですが、時を経て、海外での①国連の平和活動（平和維持活動など）への協力、②米軍の後方支援などの活動が増えてきています。これまでは、②で自衛隊が補給や輸送などの「後方支援」をする時は実質的な場所を日本の「周辺」に、国連の決議のもと国際的な平和活動に加わる①のときは「非戦闘地域」すなわち「実施される活動の期間を通じて戦闘行為が行われることがないと認められる地域」に限定されてきました。なお、武器輸送は禁止されていました。

　しかし、今回の安保法制案では、「新３要件」（案）にあるように、これまでの「武力攻撃が行われた場合」を大きく拡張して、国の存立が脅かされた場合（「存立危機事態」）でも日本の武力で対処することになります。また、「後方支援」する国を米国以外にも広げ、海外での活動場所は「非戦闘地域」に限定するのではなく、「現に戦闘行為を行っている現場」でなければよいとし、弾薬などの提供も可能にしました。

国会での主張　衆議院にて（７月17日現在）

　提案した政府は、衆議院の安全保障特別委員会（以下、「特別委員会」と略）にて、この安保法制案は、北朝鮮の核ミサイルや中国の軍拡の脅威から国民を守るためのものであり、日米の抑止力が強化され、憲法の範囲内で、かつ「切れ目のない安全保障」体制になること、戦争に巻き込まれることはないし、外交努力を重ねることに変わりはない、としています。しかし、ほとんどの野党は、従来の政府解釈と異なり専守防衛を超えて憲法違反、自衛隊員が命を落とす可能性が高い、と反対し、合意形成にはほど遠い状態で審議は続きました。

　衆議院の特別委員会で審議中の６月上旬には、憲法の専門家である憲法学者が３名、国会審議の参考人として呼ばれ、全員が集団的自衛権行使容認は「違憲」と明言しました。これ以降、安保法制案は憲法違反だという議論がいっそう盛んになりました。複数機関のアンケート調査では、全国の憲法学者の違憲対合憲の比率は概ね10対１ないしは９対１との結果です。

政府は、1959年の「砂川事件」の最高裁判決を引用して、集団的自衛権行使容認の根拠の一つと説明しています。砂川事件は、駐留米軍が憲法の禁ずる「戦力」に当たるかどうかが争われた裁判です。この判決は広く自衛権一般を認めただけなので、「憲法の番人」を務めたかつての最高裁の裁判官は、「言い過ぎだ」、「合憲とも違憲とも言っていない」と指摘しています。

安保法制案に反対あるいは慎重な審議を要求する地方議会は増え、全国各地で反対派の市民による組織がデモ（パレード）・集会などの抗議行動を頻繁に開催し、9条の会・多様な業種の労働組合・若い人たち（SEALDs）・弁護士会・学者の会・ママの会、などが名を連ねています。賛成派の動きも出てきました。

このように、国民の理解を必ずしも得られたとは言い難いと首相も認めるなか、特別委員会で7月15日に強行採決、翌16日に本会議で採決、賛成多数で衆議院を通過しました。これには、反対する弁護士会、報道関係・医療関係などの各種労働組合、宗教団体などが即座に抗議声明をだしました。

あなたの考えは？　あなたの生活は？

日本は戦後70年にわたり一度も戦争をせず、一人の戦死者も出さず、一人も殺していない、東アジアでも唯一の国です。その理由は、自衛隊が専守防衛で日本を守ってきたから、とも、日米安保条約により米国に守ってもらってきたから、とも、憲法9条とそれを守り広める平和運動と周辺の国との友好関係があったから、ともいわれています。

安保法制案が参議院でも可決、成立したらどうなるのでしょうか？戦争の危険は増すのでしょうか？　それとも特に東アジアの緊張はゆるみ、国境紛争その他は平和的な解決にむかうのでしょうか？

判断するのはあなたです。日本史や世界史で習った「戦争の惨禍」や憲法の理念を今一度思い返しながら、考えてください。　〔前田輪音〕

Q26 対立する政策について教えてください
論点６　憲法改正

日本国憲法の改正手続きは厳しすぎるのか

　日本国憲法制定後69年間、時々の国内外の政治状況に応じて、さまざまな憲法改正の議論が推移してきましたが、現実には一度も国会に提案されることもなく、「日本国憲法」は一言一句変更なしに現在に至っています。たしかにこれだけ長寿な憲法は世界的にも希有だといえるでしょう。

　「日本国憲法」が第96条で、憲法改正は「衆参各議院の総議員の３分の２以上の賛成」で国会が発議し、「国民投票で過半数の賛成」を必要とする、と一般の法律のように出席議員の過半数の賛成のみで成立するのではなく、格段に高いハードルが設けられています。このように改正手続きの要件を一般法よりも厳しく規定する憲法を「硬性憲法」と呼びます。

　第２次安倍内閣が成立したとき、自民党にとって悲願の「自主憲法」実現に向けて、憲法改正要件が世界的に見て厳しすぎると、「３分の２以上」の規定を「過半数」に緩和する「96条改正」を先行させる議論が起きました。

　しかし、憲法の安定性を確保するために、改正要件は多くの国で厳しく規定されており、各国とも必要に応じて憲法改正を重ねてきています。「日本国憲法」の改正要件が特別に厳しく規定されているから必要な改正ができなかったというより、改正論議の高まりのたびに、慎重論が盛り返すという「攻防」があったためではないでしょうか？

表26-1　各国の主な憲法改正手続きと戦後の改正回数

国名	主な改正手続き	戦後の改正回数
日本	各院の2／3以上の賛成⇒国民投票（過半数の賛成）	0回
米国	各院の2／3以上の賛成⇒3／4以上の州議会の承認	6回
韓国	国会の2／3以上の賛成⇒国民投票（有権者の過半数かつ投票総数の過半数の賛成）	9回
フランス	各院の過半数の賛成⇒両院合同会議で3／5以上の賛成（※ほかに国民投票を経る手続きもあり）	27回
ドイツ	連邦議会の2／3以上の賛成⇒連邦参議院の2／3以上の賛成	59回
イタリア	各院の過半数の賛成⇒（3ヵ月以上経過後に）各院の2／3以上の賛成（※ほかに国民投票あり）	16回

※韓国の改正はすべて軍事独裁政権下

憲法改正をめぐる世論の動向

　今まで日本国憲法はまったく改正されなかったとはいえ、実際には憲法改正論議は焦点を変えつつ世論を二分して激しく対立してきたのです。

　憲法改正一般の是非を問う世論調査は、1950年代半ばより80年代までは、「改正」に賛成は少数であり、「反対」の世論が多数を占めていました。たとえば、『朝日新聞』では、57年の世論調査では「改憲」に賛成27％・反対31％、86年調査では賛成29％・反対41％との結果が出ています。

　ところが、91年湾岸戦争時、日本も他国と同様武力で国際貢献ができるように憲法改正すべきだという批判（国際貢献論＝一国平和主義批判）がなされ、憲法改正の賛否は逆転します。『毎日新聞』の93年調査では賛成44％・反対28％という結果を示し、各新聞社のどの調査でも、2010年代前半まで憲法改正賛成が50％前後で推移し、反対は30％台から10％台までに縮小します。近年までの約25年間、憲法改正論は国民世論の多

数を占めてきたのです。

　ところが、安倍第2次内閣成立以後、国会内の「改憲勢力」が圧倒的な多数をしめ、「集団的自衛権の容認」を閣議決定し、事実上の解釈変更による憲法改正を進める中で、今度は逆に世論は急速に憲法改正反対に傾き、一部の世論調査では、賛否が逆転する結果になっています。この際だった賛否の変化が何を意味しているのか、興味深いところです。

自民党の「日本国憲法改正草案」を検討する

　1955年の保守合同によって生まれた自由民主党は、日本国憲法が占領統治していたGHQの強い指導下で成立した「押しつけ憲法」であるとして、「自主憲法制定」を党の基本目標として掲げてきました。しかし、実際には現在に至るまで憲法改正案が国会に上程されることはありませんでした。安倍内閣も2014年、集団的自衛権容認の「憲法9条の解釈変更」の閣議決定を行い、翌15年に「安全保障関連法制」を上程しましたが、明文改憲ではないため、どのように国の姿が変わるのか、見えにくくなっています（論点4参照）。

　そこで、自民党の2012年4月に発表した「日本国憲法改正草案」（以後「改正草案」と略称）が明文化された改憲案であり、自民党の最終的目標を示したもので、特に現在論議の焦点になっている「第9条　戦争放棄」に関する箇所に絞って、具体的に検討してみることにします。

　第1項はほぼ現行の条文どおりの戦争放棄、武力の不行使を記述しつつ、「自衛権の発動容認」を明文化しています。

　根本的な変更は第2項です。現行憲法が明示していた「軍隊と戦力の不保持と交戦権の否認」をすべて削除し、「国防軍の保持」が明文化されています。現行憲法の「解釈変更」を重ねつつ、「海外での武力行使」が制限されていた「自衛のための必要最小限度の実力」として自衛隊を、普通の「軍隊」に転換するものです。そして「自衛」だけでなく、「国際的に協調して行われる活動及び公の秩序を維持する活動」として、

集団的自衛権の行使、PKFなどへの参加などの海外軍事活動、そして、国内の治安維持をもその任務として明示した条文案になっています。また「国防軍に審判所」（軍法会議）を設置し、軍としての独自の裁判権を整える提案になっています。

また、「国は、……国民と協力して、領土・領海・領空を保全し、その資源を確保しなければならない」との記述に関連して、「日本国憲法改正草案Q&A」（2012年10月）では、「国民の国を守る義務」を規定すると「徴兵制」が問題になりかねないので、「前文」で「国を自ら守る」と抽象的に規定するとともに、9条で「国民と協力して領土などを守る」と規定したものだと説明しています。

その他の憲法改正の論点

上記の自民党の「改正草案」はその他、「国益と公の秩序」を重視し、国民の「義務」を強調するなど、立憲主義的内容を弱め、個人の基本的人権を制限する傾向がみられます。たとえば、現行憲法は制約なしに保障している「表現の自由」について、「改正草案」では、あらたに「公益及び公の秩序を害することを目的とした活動を行い、並びにそれを目的として結社をすることは、認められない。」と統制を強める傾向を示しています。

その他、一部の「護憲」政党を除く各政党は、時代の変化と現代の要請によって新しい条項が必要だと、「首相公選制」、「二院制の見直し」、「環境権」、「知る権利とプライバシー」、「道州制導入」など、新しい理念や権利を憲法に加えていく「加憲」「創憲」とよばれる「明文改憲」を主張しています。

若い世代の未来を大きく左右する憲法論議に対して、皆さんの主権者としての意見表明と政治参画が大いに期待されるところです。

〔田中祐児〕

第4章

学校で学ぶ主権者教育

Q27 主権者教育とは？シティズンシップ教育とは何ですか？

国民主権を実現する力を育てる教育

みなさんは、憲法の大原則に国民主権があり、国民みんなの意見で政治をおこなうことだと知っていますね。しかし、国民の意見をまとめる議員を選んだのに、大多数の国民の意見（世論）に反する方向へ政治が進むようなこともあります。これは国民主権がただの建前だということなのでしょうか。そんな時はみんなでふてくされるしかないのですか。

日本は民主国家です。それは選挙によって平和に政権交代ができるからです。政府が国民の多数意見を無視すれば、4年の間に選挙で彼らを追い出せます。そうならないならば、国民の多数が本当は政府を支持しているか、以前の不満を忘れてしまったからです。でも、別の可能性があります。それが「お任せ民主主義」です。何か嫌だと思っても、最後は誰かエライ人に任せようと思う国民が多くて、選挙であえて大騒ぎを起こさない状態です。こうした危険性を防ぐ方策がないのでしょうか。それが主権者教育です。

国民全体で国の政治を決めることを実現するには、多くの国民ができるだけ真剣に政治のことを考え、政治に関わることが必要でしょう。そうした自覚と責任をもった国民が多くなれば、選挙での約束を破る政治家や政党は次の選挙で当選しません。約束を守ろうと国民の声を聞く政治家や政党が力をつけていくでしょう。1億もの国民がどんなに意見が違っていても、こうして政治家や政党が鍛えられていれば、政治上の議論が分かりやすくなり活発化します。子供にそうした力を育て、政治に

積極的な国民を増やす教育とはどんな教育でしょうか。

「良識ある公民」に必要な政治的教養を育てる主権者教育

　日本国憲法が制定されてすぐ、日本を教育によって民主化しようと教育基本法が制定されます。その8条（改正後14条）に、「良識ある公民」に必要な政治的教養を教育で尊重するべきだとあります。文科省の説明では、「良識」がふつうの常識でなく「十分な知識をもち、健全な批判力を備えた」の意味で、「公民」が積極的に政治に関わる国民という意味です。公民は、公共の立場から社会に参加する国民で、政治や経済、社会の側面がありますが、ここでは政治に関わる国民を意味します。とすると、8条の趣旨は、積極的な主権者に必要な政治的教養を育てること、つまり主権者教育を学校教育で尊重すべきだという意味になります。「主権者教育」という言葉を政府が使うようになったのはつい最近ですが、意味を考えると、憲法制定とほぼ同時に国会は主権者教育の重視を法律で明言していたことになります。18歳選挙権の導入を機にその初心を再確認しているのです。

民主国家を支える政治的信念を育てる主権者教育

　政治的教養とは具体的に何なのでしょうか。それは、文科省によると、①民主政治の制度の知識、②現実政治の理解力と公正な批判力、③民主国家の公民として必要な政治的信念です。いま社会科公民分野や政治・経済の教科書に書かれてあることは、大半が①の内容で政治の現状や争点についてあまり触れません。現実政治、例えば国会で問題になってきたことが十分に書かれていません。これでは現実政治の理解力や批判力がつくといえないし、ましてや政治がいかにあるべきかという信念を持つことができません。このためには、現実政治のあり方について生徒が考える機会をもっと増やすことが必要です。そこで求められるのが主権者教育の充実でしょう。さまざまな考えや意見を聞いて、自分の意見や

意思を決めて政治に関わる力を育てることです。この節の後にある、模擬選挙や政策討論、さまざまな政策提言を考える取り組みがその実践例となります。

〔杉浦正和〕

主権者教育とシティズンシップ教育

　「シティズンシップ教育」という言葉を聞いたことはないですか？
　シティズンシップ教育とは、市民としての資質・能力を育成するための教育──他人を尊重すること、個人の権利と責任、人種・文化の多様性の価値など、社会の中で個人がより良く生きるのに必要な能力を身につけさせるような教育だとされています。
　ところで、日本より民主主義あるいは民主主義教育が根づいていると思われる欧米で、「市民性」を育てることを目的とする「シティズンシップ教育」が1990年代からあらためて提唱されたのはなぜでしょうか？
　その背景は、80年代以降、深刻な不況によって若年失業者が増加し、将来への展望を失った若者たちの暴力、社会的無関心が重大な問題として認識されるようになったことです。将来を担う世代に、社会的責任、法の遵守、地域やより広い社会と関わることの重要性を教えなくては、民主主義社会の将来はないとの危機感が広がったのです。
　日本でも1990年代以降、若者の正規雇用が減り、若者の経済的自立が困難になってきており、競争社会化の進展の中で、若者が社会的に他者とどうつながるかが課題となってきました。また、地域とのつながりを実感し参画する教育が必要となりました。そして、投票率向上を図ろうとしている総務省で、さらにグローバリゼーションに対応する人材育成を課題として通産省でも「シティズンシップ教育宣言」（2006年）が出されるという動きになってきました。
　学校教育でも特に1990年代以来、学習の主体化、「生きる力」、「記憶より考える力」などが重視されるようになりました。政治学習で仕組

み・機構は教えても、政治的・社会的に対立する問題を取り上げ、関心を持たせたり判断力を養うような教育がおろそかになっており、それが若者の選挙離れの原因にもなっているとの認識が広がっています。そのような新しい教育、主体的な主権者を育てる教育が求められたときに、欧米のシティズンシップ教育が有効な方法として参考になることが意識され、導入されてきました。では、この節の前半で言われた「主権者教育」とはどういう関係なのでしょう。単に言葉の違いなのでしょうか。

シティズンシップ教育では、上記のような政治学習だけでなく、学校生活の中で市民＝主権者として判断・行動できるような仕組みがつくられています。

たとえばスウェーデンでは、学校民主主義をつらぬくために、教職員と生徒によって構成された評議会で、予算編成や教職員の勤務形態まで、学校にかかわる重要事項を決定している高校もあります。日本では、児童・生徒が学校内の身近な問題について自分たちで考え、主体的に発言し、決定に参画していくという学校民主主義の実践がほとんどなされていませんが、ヨーロッパでは、学校運営の面においても、幼い頃から発言し、参加するといった教育がおこなわれています。

明るい選挙推進協会は「主権者教育は、シティズンシップ教育の中心」といっています。また「国民という国境に閉ざされたという狭さを持つ主権者教育より、グローバリゼーションのもとで、世界市民に広がる可能性がもつシティズンシップ教育が必要」という研究者の意見もあります。いずれにせよ、18歳選挙が高校生に広く受け入れられ、政治判断と投票率の向上をめざすには、これまでの学校教育と社会科教育が大きく変わらなければならないのではないでしょうか。

〔杉浦真理〕

Q28 模擬投票のやり方について教えてください

泳ぎを覚えるのに実際に泳ぐように、選挙の投票に模擬投票で練習

　若者の投票率が昔からこんなにひどかったわけではありません。70年代までは衆院選挙の20代投票率が60％をほぼ越えていました。2014年が33％だから何かが変わったわけです。選挙には行くものだという、ある種の強制力がかからなくなったのが一つの理由でしょう。とすると、選挙の必要性を体験的に学ぶことが必要でしたが、文科省が選挙制度の説明ばかりを教えて、投票意欲を高めようと取り組まなかったのはたしかです。総務省も選挙普及運動をやるものの、子どもや若者への働きかけに工夫がなかったのです。たとえば、投票所には投票者以外が入れません。小学生が親と一緒に入るのは効果が高いでしょうが、原則許可が必要です。コスタリカでは親が子どもと投票所に行き、隣の部屋で幼児から高校生まで模擬投票をさせています。ここまで徹底していなくても、もっと選挙が楽しいイベントだと教える選挙教育が必要でしょう。

　二つの方法があります。一つは、仮想の候補者を立てた選挙で子どもが投票するもの、もう一つは本物の選挙に対して子どもが模擬投票をするもの。前者は選管がやってきたものですが、正直インパクトがありません。後者がいま主権者教育で注目される模擬投票です。選挙は政治の大イベントで、TVや新聞に政党の主張やら情勢報道が連日繰り返されます。そのなかで子どもが選挙に無関心だとしたら、保護者と学校の責任でしょう。子どもは未来の有権者ですから。模擬投票をやるとよく生徒が怒るのです。「立会演説を聞きに行っても、僕らにビラを渡してく

れないんだ。むかつくよ。」政治家や大人のこうした視線が、若者を選挙から遠ざけた原因の一つであることは間違いありません。

手間がかかっても、授業や学校全体で取り組みたい模擬投票

　選挙教育は社会科の課題だけではありません。日本の民主主義を支える教育なので、学校全体で取り組むべき課題です。模擬投票のやり方には二つあります。一つは、社会科などの教師が授業の中で、選挙について教えながら教室で投票するもの。もう一つは、授業の外で、教室とは別な場所である種の学校行事としておこなうものです。後者の方が大規模でよいのですが、前者からまず始めてもよいでしょう。また、生徒の投票先は選挙区の候補者を含めてもいいですが、生徒によって選挙区が異なり関係者がいたりするので、党首や政策について学びやすい政党への投票だけでやるのが楽でしょう。

　ただいろいろ困ることが多いのも事実です。衆院選挙は時期が不明なので事前に計画できません。急な選挙だとマニフェストなど公約がすぐに発表されないし、選挙公報ができるのは投票日の数日前ですから事前学習で使うのが難しいのです。そして、こうした「政治」を扱うことへの圧力や反発があり、政治的な中立を維持できるかという強い心配があります。また、選挙期間中に情勢が急変化することがあるし、争点である政策について教科書に載っていませんから、生徒が真面目に投票しようとすると調べるのが大変です。つまり手間がかかるばかりで、教師の多くが避けてきたわけです。でも、その結果が60％から30％台への若者投票率への低下だとしたら、そうも言っていられないでしょう。

文科省の後押しを受けて、地域や選管、生徒と協力して取り組もう

　抵抗のある学校では実現に向けて管理職との交渉が必要ですが、文科省が推薦し安倍首相まで明言する主権者教育であることで説得できます。高校生向けの主権者教育の副読本に「模擬選挙」が載りました。中

立の確保や協力を得るため、教員や保護者向けの趣旨説明も必要です。選挙管理委員会に協力を要請すると熱心に応援してくれるし、新聞支局へ連絡すれば地域からも支援を得られます。意義を理解した生徒の呼びかけで、新聞部や生徒会が学校へ依頼して実施されることもあります。

　実施が決まったら、全国で未成年模擬選挙を展開する模擬選挙推進ネットワークと連携すると、政党のポスターやマニフェストが入手しやすくなり、投票用紙や感想用紙の作り方、新聞記事や選挙公報の使い方などのノウハウがわかります。選管からは投票箱や記載台を借りられます。生徒のボランティア募集や生徒会への協力要請もできます。担任教師に理解してもらうと生徒への呼びかけが楽になります。意義をしっかり説明して、多くの人たちからの協力を得られるようにしたいです。

投票先を決める意思決定に向けて、調べ学習などの事前の取組

　授業で取り組むにしても学校行事としてやるにしても、生徒にとって最も大変なのは投票したいと思える政党を選ぶことです。政党がやさしく公約を説明していないので、政策を比較して政党を選ぼうとすると、これが若者だけでなく大人にとっても難しい作業となるのが最大の問題点です。だから、模擬投票の事前取組のポイントが、政策や政党についてしっかり理解できるような情報提供です。必要な情報をあげると次のようになります。①選挙と投票の仕組み、②争点である政策の基礎知識と政党ごとの立場一覧、③党首の情報／特に公示日の党首第一声、④政党の情報／歴史や基本的立場、特徴、⑤各政党の選挙公約を政策一覧表の形にした表、あるいは政策への賛否で選べるボートマッチのような表、⑥選挙の動向に関する情勢解説と情勢報道の影響（新聞の情勢予測報道によって選挙結果がプラスやマイナスの影響を受けることなど）です。これらの情報をできる限り、各政党でバランスよく提供することが中立を確保する上で最も重要です。授業内で時間をとって資料を持ち寄って質疑や話し合いをすれば、生徒同士で理解を深められます。こう

した時間がとれない場合は、わかりやすいプリントにして生徒へ配布してきちんと読んでもらうことです。

　マニフェストやポスターを教室や生徒昇降口に張り出すと、模擬投票への雰囲気が盛り上がって効果的です。しかし、注意したいのは、これらは選挙運動の管轄外として許されていることなので、公衆に見えるような展示のしかたをすると選挙違反となることです。その他、投票権のない高校生にできないこと、選挙違反の仕組みを知らせておく必要があります。詳しくはＱ16を読んでください。

なるべく本物に近い形の「投票」をさせ、選択に責任を持たせよう

　投票日の当日は、投票用紙や受付、記載台などを工夫してできるだけ本物に近い形で投票させたいものです。投票箱に投票用紙を入れる瞬間に、生徒が大人と同じになった感じを味わえるとベストだからです。授業内で投票する時は教室のなかで工夫したい。ポスターを貼って雰囲気を高め、最低でも投票箱を用意したいです。また、生徒に棄権を認めるのも工夫の一つです。さらに、模擬投票のメリットとして、生徒からの感想や意見を投票時に集めることができます。この機会に、政治家への若者の意見表明をさせることができます。模擬選挙推進ネットワークを通じてマスコミなどに発信しましょう。

　開票と結果公表は原則として本当の投票日の後にします。公職選挙法の「人気投票の禁止」への配慮です。そして生徒には、投票後にどんな政治状況となったか、自分の投じた政党がどんな行動をとったのかなど、自分の選択を分析し見直す機会を用意しましょう。生徒自身の選択に責任を持たせて、その後裏切られれば次回は別の党にし、期待に応えられれば支持を固める。こうした対応を続けることが、国民意思を反映するように政党を「教育」することになるので、こうした選挙で政治家や政党を監視する姿勢を早くから育てたいものです。

〔杉浦正和〕

Q29 政策について どう討論したらいいですか？

なぜ政策を討論するのか

　選挙では、数ある政党や候補者のなかから、自分の意見に最も近いものを選択して一票を投じることになります。自分の意見に近いか遠いか、何によって判断するのでしょうか。それは、もちろん政党や候補者の掲げる政策ですよね。政策の実現を期待して、私たちは一票を行使することになるからです。

　特に国政選挙は、その時々の重要な政治課題が争点となります。最近では、消費税率引き上げ、景気対策、原発再稼働、TPP、集団的自衛権、憲法改正などが争点となっています。これらの政策的争点について私たちが討論することには、どんな意義があるのでしょうか。

　たとえば、君が何らかの理由から消費税率の引き上げに反対だったとします。その君が、消費税率引き上げに賛成や反対の友人と討論したらどうなるだろうか。同じ反対の友人であっても、違う理由から反対であることを知って、視野を広めることがあるかもしれない。逆に、賛成の友人から思いがけない理由を聞かされて、自分の意見に自信がもてなくなることだってあるかもしれない。そして、友人たちの異なる意見から学び触発されることで、もう一回勉強し直して、やはり消費税率引き上げには反対の意見に至ったとしましょう。このときの君は、以前の君と同じではない。結論は同じでも、理解と認識は格段と深くなっているはずです。

　討論が大切なのは、自分一人の認識能力には限界があるけれど、知識

や経験や価値観を異にした他者の意見と交流することで、自己の理解と認識を深めることができることです。逆にいうと、異なる意見との競合に鍛えられていない意見は、意外にもろくて崩れやすいものです。政策を討論することで、私たちはより深く確かな判断から政党や候補者を選択することができるようになります。

討論のもう一つの意義は、民主主義のつくり方を学ぶことです。クラスでも学校でも職場でも、私たちは異なる意見をもつ人々の中で生きていかなければなりません。決めなければならないことも出てきます。こんなとき、君はどうしますか。自分と異なる意見も尊重し、それらに学び、相互に批判し合いながら、より高い次元の合意をめざしていくことが大切ではないでしょうか。政策を討論することは、このような民主主義のつくり方を学ぶことにつながるのです。

どのように政策を討論するのか

それでは、実際のところ、どのように政策討論をおこなったらよいのでしょうか。学校の教室で討論を実施することを念頭に考えていきたいと思います。

選挙の政策的争点は、実に多岐にわたっています。有権者は、政党や候補者の政策の全体を検討して判断するわけですが、政策全体を討論することなどとてもできるものではありません。無理に討論すれば、議論が拡散するばかりであまり得るものがありません。やはり、一回の討論では一つのテーマにしぼっておこなうべきでしょう。ここからは、政党を選択する場合を想定していきます。

①班で政策の疑問点を出し合う

討論というと、丁々発止と打ち合う議論を思い浮かべるかもしれませんが、最初からそういう高い次元をめざす必要はありません。各政党の政策を調べて、疑問点を出し合うこともりっぱな討論です。

「原発再稼働は是か非か」は、いま重要な政策的争点の一つです。た

とえば、このテーマについて、班（4人程度）ごとに各政党の政策を調べて、何か疑問点はないかを話し合い出し合うのです。

「また事故が起こるのではないか」「原子力規制委員会の審査基準は本当に厳しいのか」「地元の理解を得て再稼働するというが、地元の範囲はどこまでか、どのように了解をとるのか」「原発を再稼働しないままでは、電力料金が高くなるのではないか」などの疑問が出てくることでしょう。

教師が各班で出た意見をまとめて、プリントに一覧表を作れば、論点がわかりやすくなります。どの政党の政策に一番共感したかは、班によって生徒によってまちまちでしょう。これを一つにまとめる必要などありません。生徒一人ひとりが視野を広げて、理解と認識が深まったか否かが大切だからです。

②**模擬政党討論会**

これは少し高度になります。

まず、討論テーマを決めます。たとえば「集団的自衛権は是か非か」をとりあげるとしましょう。

4人1班を形成し、班ごとにどれか1つの政党を担当し、このテーマについての政策を調べます。同時に、各班ともどれか他の政党の政策への質問を用意します。また、他の班からの自分の班への質問を予想して回答を考えておきます。

どれだけの政党を討論に参加させるかが難しいところです。公平を期するためには全政党をとりあげるべきでしょう（国政選挙の時期に当たっている際には、NHKの日曜討論に出ている政党を念頭に、全政党を網羅すべきでしょう）。一方で、あまり政党数が多くなると、議論がかみ合わずわかりにくくなってしまいます。何回かの討論会の全体で政党のバランスをとるという方法もあるかと思います。

討論会の手順は次のようになります。司会は教師が担当。各班（政党）から順に政策を説明する→各班（政党）から他の班（政党）への質問を出す→各班（政党）が質問に回答する→自由討論。

このテーマはやや難解なので、班で調べたり考えたり話し合ったりする前に、クラス全体に教師から一定の基礎知識を講義しておく必要があります。個別的自衛権と集団的自衛権の違い、集団的自衛権行使の事例、集団的自衛権と日本国憲法との関係、などが内容となります。詳しくは、この本のＱ25を参考にしてください。

③ディベート

　ディベートの場合には、「○○すべきである」と論題設定が特定されるために、それぞれの政党の政策を直接問うことにはなりません。しかし、その政策課題をめぐる論点を鋭く浮かび上がらせることによって、各政党の政策を判断するときのものさしを得ることができます。

　たとえば「アベノミクスはこのまま推進すべきである」という論題をとりあげたいところですが、この論題は複雑すぎます。アベノミクスがいろいろな政策（矢）の複合体であり、まだ実施に至っていない政策も多いからです。さらにしぼって「異次元の金融緩和を続けるべきである」という論題にしてみましょう。

　このテーマもやや難解なので、事前に教師から金融問題についての一定の基礎知識を講義しておく必要があります。そのうえで、肯定側と否定側がそれぞれ、自分たちの主張の根拠、相手側からの尋問の予想とそれに対する回答、相手側の主張の根拠の予想とそれに対する尋問を用意します。担当する生徒たちには相当の準備の時間が必要となります。

　ディベートでは、金融緩和はどのような人々に利益または不利益をもたらしているか、日本経済への今後の影響の予測などが論点となることでしょう。ここでも目的は生徒の理解と認識を深めることであって、特定の結論を導くことではありません。

　最後に、政策討論をおこなうときに最も注意してほしい点を指摘しておきます。それは、思いこみではなく事実に立脚して討論をするということです。事実を学び追究する姿勢こそが大切です。　　　　〔桑山俊昭〕

Q30 他に授業でどんなことをしますか？

時事問題を取り上げて、いろいろな意見の違いを話し合う

　高校生に18歳選挙権導入について聞くと、しっかり考え社会への責任を果たす者が多くないから心配だといいます。だから、そんな若者を増やす主権者教育がきわめて大切になるのです。政策についての討論や模擬投票の他に、どのような授業があるのかを考えてみましょう。

　政治で何をおこなうべきか＝政策についての討論は、内容の理解が難しいので授業でとりあげにくいのです。でも、新聞記事のプリントやTVのニュース録画を見て、生徒が意見を書くだけならばできます。そうした生徒の文章から教師がいくつか選んで、紙上討論の形に編集してプリントで配布する。手間はかかりますが、意見の違いや対立をわかりやすく示せます。さらに、これに対して意見を書ければ、紙上討論を繰り返すことができます。そんな体験を重ねると実際の討論もできるようになるでしょう。

　大事件を取り上げてじっくり考えることも大切です。大事件にどう対応するかで政治上の議論が進むからです。開発教育という国際的な教育方法があり、南北問題を中心に世界の問題を考えることをめざしています。「グローバル・エクスプレス」という手法があって、国際的な大事件を取り上げて開発教育の関係者がワークシートを作成しています。たとえば2010年のハイチ地震では、ハイチの場所を世界地図で確認し、いろいろな感想の一覧から自分に近いものを選び、そこにない感想も書きます。次に、ハイチの多くの歴史カードを歴史順に並べ直し、ハイチへ

の国際支援の表（国名と金額）を見て、そこで隠された国名（日本やブラジル、国際団体など）を予想します。遠い国にでも応援をしたい人と、かわいそうだと思うだけの人など、いろいろな意見を知ることができます。こうして時事問題を何度か考えるなかで、日本や世界の動きへ関心が持てるようになるのでしょう。こうした時間がしっかりとれなくても、新聞から社説や記事を切り抜いてノートに貼って要約や意見を書くスクラップ作業や、当番の生徒が最近のニュースについてスピーチするなど、時事問題を取り上げる時間が授業のなかでほしいです。

現実の動きを模擬体験する授業／
裁判や憲法改正・国民投票をやってみる

　政治の動きには、選挙以外にも多くの場面や重要な動きがあります。それについて学ぶ取組を考えてみましょう。

　裁判員制が導入される時に広がった取り組みに法教育があります。ルールの意味を考え、実際にルールを考えたり、本当の裁判を見に行ったりします。たとえば「大型ショッピングセンターができて、交通渋滞や騒音問題が起きる」ケースを想定して、どんなルールがあれば改善できるかを話し合うのです。さらに模擬裁判もできます。生徒が裁判官や検察官、弁護人になって、専門家が作った刑事裁判のシナリオを使って裁判を行うのです。犯罪現場の詳細や証拠、関係者の話（供述）がどう扱われるか、実際の裁判の様子を模擬体験できます。講義で仕組みを聞くよりもわかりやすく、興味もわきます。こうした模擬的に体験する授業方法があって、さまざまな場面や動きに応用することができます。

　最近の話題に憲法改正があります。衆議院と参議院でそれぞれ３分の２の議員が賛成すると憲法改正の提案＝発議が行われ、国民投票にかけられて過半数の賛成によって憲法改正が決まる。これが現行の手続です。この過程をクラスでやるのです。たとえば、この手続を定めた96条の改正を取り上げます。まず、クラスで６〜８の班に分かれて96条改正

について内容を確認しながら話合います。その後、各班で「国会議員」を決めて集まります。そこでどんな改正提案をするのかを議論して、互いに意見を調整したり妥協案を出したりして、3分の2が賛成する案ができれば発議となります。これをクラスに提案し質疑応答の末に、「国民投票」にかけるわけです。ある学校では、改正内容を発議2分の1以上で国民投票を5分の3以上とする案で発議され、クラスの6割の賛成で改正が「決まった」こともありました。

学習ゲームで政治的な議論や交渉を模擬体験する

　若者の好きなゲームに、RPGやシミュレーションゲームがあります。仮想世界で闘ったり、仮想動物を育てたり、仮想の都市開発を考えたりなど種類が多いです。これと似たことを授業でやるのが学習ゲームです。場面とルールを決め、生徒をグループに分けていろいろな役割を割り当てて、仮想社会がどのように動くのかを試すのです。そのなかで環境問題や南北問題の解決方法について学ぶという手法です。上で紹介した模擬裁判はシナリオを演じるのですが、学習ゲームでは原則シナリオなしです。生徒が条件とルールを知っただけで、役になりきって交渉し合って、みんなの動きの結果をクラスとしてふりかえる。つまり、社会の動きを教室のなかで仮想的に再現するわけです。

　開発教育では貿易ゲームという、小学生でもやれる簡単なゲームが有名です。先進国と途上国グループに分かれて、渡される財産（紙やはさみ）に格差があるなかで「貿易」をおこなうゲームです。途上国の貿易が大変なことを実感できるゲームです。また、世界的に有名で、日本でも大学生を中心に活動しているのが「模擬国連」です。国連の総会や委員会、安全保障理事会の活動を模擬します。生徒は国連加盟国代表の役となり、その国の歴史や文化、外交政策を調べて、その国の利益を守りながら世界的な問題を解決するための交渉を他国とおこなうのです。3日間かかるような大きな学習ゲームです。もっと簡単なゲームを授業で

やることもできます。「大型ショッピングセンター」立地を想定して、影響や条件を詳細につくれば、RPGとして教室のなかで話し合いができます。これは、貿易や国連について学ぶだけでなく、社会生活で大切な交渉の仕方を模擬的に体験し練習する授業ともなります。

本物の改善策を考えて署名を集めるなど、生徒会活動を頑張ろう

　社会の動きを模擬する学習ゲームに取り組むと、時間が足りなくなって授業内だけでおこなうのが大変です。総合的な学習の時間など教科外の時間も使うのでしょう。実際にやれるかどうかは別にして、こういうことが意味ある教育活動だとわかっていることが大切でしょう。最後に、半分現実に関わる模擬的な活動を紹介しましょう。実際の選挙にかかわる、模擬投票のようなリアル模擬です。

　政治家に手紙を書く授業です。地域の政治家や政党支部でもいいのですが、どうせなら大きくいって首相に出したいです。内閣広報室に送ればいいのです。アメリカでは大統領に手紙を出せば返事が必ず来るそうですが、日本はどうでしょうか。意見を述べるだけでは面白くないので、いろいろ調べて法律案を考えて出しましょう。高校生が真剣に考えた請願という「政治活動」ともいえそうです。

　もっと大変な取り組みも紹介しましょう。まず、学校の内外で現実に改善したい提案を生徒が考えます。上の手紙の方法に似ていますが、この授業は、改善策を考えた生徒自身が、学校内で生徒や教師に署名活動をしてまわることを求めたのです。こうなると、模擬なのか現実の活動なのかわからなくなります。現実社会を学ぶとはそういう要素があるのです。実はそのための仕組みが学校にあります。それが生徒会です。行事や部活での話し合いや改善を考えることがまさに学校の社会活動です。主権者教育の広がりは、当然に生徒会活動に多くの生徒が参加し、積極的におこなわれることにつながるべきでしょう。

〔杉浦正和〕

Q31 授業のなかの政治的中立とは？

現実の社会問題を取り上げる難しさ

　学校の授業で、消費税の引き上げや原子力発電の是非について習いましたか。あるいは、それについて生徒で話し合いましたか。たぶんそういう人は少数でしょう。授業では、国会の定数や任期、選挙の仕組みなど、国会について細かく習っても、国会での論争については教わらないのです。法案の是非を考えるため賛成や反対の理由を聞き、それをもとに議論することなどまずありません。

　入学試験に出ないので問題ないと思っていませんか。でも、18歳から選挙で投票するとなるとどうですか。どの政党に投票するかを迷った場合、どう考えて政党を選んだらよいのでしょうか。議会制民主主義という政治制度では、多くの政党がどのような社会をつくり、どんな法律をつくるかで対立し、自分たちの意思を実現するために議席数を争います。その争い、つまり現実の社会問題への対応の違いを知らないと、選挙で投票ができないのです。

　ところが、制度の仕組みと違って、こうした社会問題は新しいものが出てきます。詳しい知識がないと理解できないものがあり、教科書に入れるのは難しい。だから、教師は教えるのが大変です。新聞を毎日読みニュースに気を配り、大問題について特集記事など詳しい解説から学ばないと、社会問題を生徒に教えられません。そうなると、仕事に追われる教師は、内容の変わらない制度などの基礎知識を教えるだけの授業をやるしかありません。さらに、もう一つ大きな理由がありました。

学校教育をめぐる政治的対立の激化

　天皇を崇拝させる教育勅語に代わり、教育によって民主国家をめざす法律、教育基本法が1947年3月に制定されました。その8条（改正後14条）は、主権者としての「政治的教養は、教育上尊重されなければならない」と述べます。人々の積極的な政治参加により、民主主義が定着すると考えたからです。第2項で、学校は「特定の政党を支持し……反対するための政治教育……をしてはならない」と、政治的中立を求めました。学校の教育が特定のイデオロギーや政党の立場に偏らず、生徒たちが自由に考えて政治的立場を決めるためです。その意味で、政治的中立は当たり前のことです。

　自分の価値観や政治観を生徒に押しつける授業を、教師がしてならないだけでなく、特にこれが問題とされるのは、現実の政治闘争が学校教育に影響したからです。戦後の教育界では、政権を持って教育行政を支配した与党（自民党など）に対して、現場の教師が労働組合を中心に「民主主義を守れ」と、野党（社会党など）とともに学校や教育のあり方を争った歴史がありました。いわゆる「文部省対日教組」の対立です。このなかで、党派的な政治教育があると与党議員が国会で追及する問題が起こりました。そこで激論の末に「党派的勢力の不当な支配の禁止」などをさだめた「教育二法」が54年に制定され、党派的「政治教育」を厳格に禁止したのです。しかし、60年代末の「高校紛争」の時期まで、学校が政治活動などで大きく揺れる状況が続きました。90年代半ばにこの対立は和解へと転換するものの、こうしたなかで教育基本法の「政治的教養を尊重」する教育が忘れられたままになったのです。

中立性を理由にして学校では主権者教育が避けられた

　政治教育には、特定の政治的立場を押しつける党派的な政治教育と、政治的教養を豊かにして政治に積極的にかかわる力を育てる政治教育（主権者教育）、の二つがあります。戦後の教育界では、党派的政治教育

禁止の名目のもとで主権者教育が軽視されたといえるでしょう。学校のあり方をめぐる対立のなかで、現実問題をテーマとして「政治的教養」を育てる授業が、学校では問題の起きやすいものとして避けられ、制度のことしか教えない授業が多くなってしまいました。生徒に話合いをさせようとしてもなかなか議論できないし、社会問題を取り上げて教師が思いを熱心に語ると偏っていると非難され、大変なことが多くなります。学校の管理態勢が強まって授業にいろいろな圧力がかかると、教師が萎縮して言われることだけやって工夫を考えなくなります。こうして、現実の政治について主体的に考えるような教育、主権者教育が実現されないままになっていました。言い換えると、政治的に中立であることが、現実の政治的問題になるべくかかわらない、つまり非政治的であることだと見なされるようになったのです。

　いま学校では昔のように「政治的な授業」が話題とならなくなりました。しかし、その結果何が起こったのか。これだけが原因ではないでしょうが、40年前は全年代の投票率から大きい差のなかった20代の投票率が、どんどん下がって30％ほどとなり、60代の半分になってしまいました。現実政治について知らないことが、政治への無関心と不信感を強め、投票意欲を押し下げる要因となったのでしょう。

それぞれの主張をわかりやすく伝えて中立性を確保する

　現実の問題を授業で扱う難しさがありますが、大切なことは異なる考えや意見のあることを示し、そこから生徒が自分で考えを選ぶ場を多くつくることです。教師がすべきことは、意見の違いをわかりやすく説明し、さまざまな意見から自分の意見を生徒が選ぶ力を育てることで、自分の思いだけを一方的に語ることではありません。つまり、複数の選択肢提示と生徒の自由な意思決定が大切で、これが主権者教育における政治的中立の意味です。

　議論・討論と模擬選挙が二つの典型的な方法です。議論・討論では、

何かテーマを決めてさまざまな意見を聞きます。クラスで何かを決めるのと違って結論を出す必要はなくて、生徒一人ひとりが自分の意見を固めればよいのです。ディベートという、ルールを決めて肯定側と否定側のチームが論争をする方法もあります。ディベートでは、生徒が事前に準備をするので深い討論ができますが、普通の討論を授業で説明を聞いてからその場ですぐにおこなうのはとても難しいです。しかし、基本的な説明の後に、予想される賛成・反対の意見を教師がそれぞれ二三紹介するだけでもいいのです。紹介された意見を参考に、生徒が自分の意見をまとめる時間があればもっといいです。こういう場を体験するなかで、社会問題に対して異なる意見を聞いてから、自分の意見を決めるのが当たり前だ、という習慣が生まれます。そうすると、互いに意見を言い合い聞き合うことになり、民主的な習慣や文化がしっかりと定着していきます。

　そして、投票の訓練という点で重要なのが模擬投票です。生徒が自分で支持する政党を決めるという、中立が確保された方法です。大事なのは、各政党の主張がバランスよく提示されていることと、生徒同士の議論で理解を深め合っても、最後は生徒一人一人で政党を選ぶことです。現状では、政党が若者にわかりやすい政策説明をしていないので、教師が工夫して新聞記事などを利用して、政策や政党のあり方について情報提供することが重要です。細かく言えば中立的でない部分があるかもしれませんが、それを厳しく言い立てて授業を管理しようとすれば、教師が萎縮して工夫した情報提供ができなくなります。生徒の状態を知っている教師が工夫できないと、結局情報不足で困るのは生徒です。その意味で、自由な雰囲気のなかで各政党をバランスよく紹介するのに教師が熟達していく形が望ましいのです。学校のなかでいつも政治や社会のニュースが話題となり、生徒と教師、生徒同士で自由に意見交換がされる、そんな場こそが主権者教育の根幹だといえるでしょう。

〔杉浦正和〕

執筆者一覧 （掲載順）

※各項の末尾に執筆者名を明記した。
　いずれも全民研の会員であり、＊印は本書の編集委員である。

杉浦真理（すぎうら・しんり）

1963年生まれ。立命館宇治中学高等学校教諭。

＊服部進治（はっとり・しんじ）

1947年生まれ。元都立高等学校教諭、東京経済大学・聖心女子大学非常勤講師。

福岡公俊（ふくおか・きみとし）

1949年生まれ。元私立中学・高等学校教諭、首都大学東京非常勤講師。

＊沖村民雄（おきむら・たみお）

1948年生まれ。元私立中学・高等学校教諭、東京高校生平和ゼミナール世話人。

山口一雄（やまぐち・かずお）

1954年生まれ。千葉県立館山総合高等学校教諭。

武藤　章（むとう・あきら）

1957年生まれ。文京区立文林中学校教諭。

池田考司（いけだ・こうじ）

1963年生まれ。北海道立奈井江商業高等学校教諭。

斉木英範（さいき・ひでのり）

1954年生まれ。大阪府立北千里高等学校教諭。

執筆者一覧

水野　悟（みずの・さとる）
1956年生まれ。三重県立桑名西高等学校教諭。

菅澤康雄（すがさわ・やすお）
1960年生まれ。千葉県立市川工業高等学校定時制教諭。

福田秀志（ふくだ・ひでし）
1960年生まれ。兵庫県立尼崎小田高等学校教諭。

＊**杉浦正和**（すぎうら・まさかず）
1951年生まれ。芝浦工業大学柏高等学校教頭。

北川淳一（きたがわ・じゅんいち）
1952年生まれ。三重県立四日市西高等学校教諭。

井田佐恵子（いだ・さえこ）
駒場東邦中学高等学校教諭。

吉田豊（よしだ・ゆたか）
1951年生まれ。元愛知県立高等学校教諭、名古屋造形大学非常勤講師。

氏家和彦（うじいえ・かずひこ）
1955年生まれ。登別市立鷲別中学校教諭。

松崎康裕（まつざき・やすひろ）
1956年生まれ。大阪府立門真なみはや高等学校教諭。

立川秀円（たちかわ・しゅうえん）
1946年生まれ。元都立高等学校教諭、元首都大学東京非常勤講師。

石井俊光（いしい・としみつ）

1952年生まれ。元千葉県立高等学校教諭。

＊**若菜俊文**（わかな・としゆき）

1945年生まれ。元都立高等学校教諭、大東文化大学非常勤講師。

渡辺俊哉（わたなべ・としや）

1959年生まれ。神奈川県立城山高等学校教諭。

前田輪音（まえだ・りんね）

北海道教育大学。

田中祐児（たなか・ゆうじ）

1948年生まれ。元埼玉県立高等学校教諭、武蔵大学非常勤講師。

桑山俊昭（くわやま・としあき）

1949年生まれ。元神奈川県立高校教諭、法政大学非常勤講師。

18歳からの選挙 Q&A　政治に新しい風を 18歳選挙権

2015年9月15日	初版第1刷発行
2016年1月29日	第2刷発行

編　者	全国民主主義教育研究会
発行者	高井　隆
発行所	株式会社同時代社
	〒101-0065　東京都千代田区西神田 2-7-6
	電話 03(3261)3149　FAX 03(3261)3237
装丁	クリエイティブ・コンセプト
組版	いりす
印刷	モリモト印刷株式会社

ISBN978-4-88683-785-1

全民研の本●好評既刊

現代教育の思想水脈

全国民主主義教育研究会／編

四六上製　定価：本体2800円＋税
ISBN978-4-88683-678-6

漂流する日本の思想・教育界に投じられた珠玉の論考集。
古在由重、藤田省三、家永三郎、岩井忠熊、
山住正己、古田光、松井やより、浅井基文 他。

思想は本の中にあるものでもなく、思想を語る教師の頭の中にあるものでもない。
自身の中に思想はあるはずである。──古在由重（全民研初代会長）

主権者教育のすすめ

未来をひらく社会科の授業　　全国民主主義教育研究会／編

「総理大臣への手紙」　　「学校ぐるみの模擬投票」
「社会と切り結ぶ新聞づくり」　「アルバイト体験」……

ISBN978-4-88683-755-4
B5版　定価：本体2000円＋税

などを教材に、現在進行形の「社会」を読み解き、
子どもが現代を主体的に考えるための授業のすすめ。

〈主な内容〉
Ⅰ　いま学校は──教室からのレポート
Ⅱ　主権者を育てる13の実践──全民研は何を論じてきたか
Ⅲ　時代をひらく主権者教育に向けて

同時代社　〒101-0065　東京都千代田区西神田2-7-6
www.doujidaisya.co.jp　tel.03-3261-3149　fax.03-3261-3237